ETFs für Anfänger

Der sichere Vermögensaufbau mit ETFs.
Wie Sie Ihr Geld sicher anlegen und sich
langfristig ein Vermögen aufbauen.

Karsten Jäger

Inhaltsverzeichnis

1. Einleitung 1

2 Grenzen des Vermögensaufbaus 4

    2.1 Die Inflationsrate 4

    2.2 Mangelndes Anlagewissen 5

    2.3 Die Entwicklung der Kapitalmärkte 6

    2.4 Denn sie wissen nicht, was sie tun 7

    2.5 Mangelnde Altersversorgung 9

    2.6 Mangelnde Altersvorsorge 9

    2.7 Staatliche Alterssicherung reicht nicht aus 10

    2.8 Freiwillige Zusatzmaßnahmen werden immer wichtiger 12

    2.9 Geldanlage eigenverantwortlich planen 13

3. Unterscheidung zwischen Einzelaktie und ETF 15

    3.1 Aktien - Risiko oder Rendite? 15

    3.2 Was sind Aktien? 16

    3.3 Wie können Sie von Aktien profitieren? 17

4. Was sind ETFs? 19

    4.1 Definition 19

    4.2 Ziel 20

    4.3 Diversifikation 20

    4.4 Risikostreuung 21

    4.5 Was ist nun besser? Einzelaktie oder ETF? 21

5. ETF-Sparpläne 23

    5.1 Was sind ETF-Sparpläne? 23

    5.2 Wie funktioniert ein ETF-Sparplan? 23

    5.3 Ab welchem Betrag lohnt sich ein ETF-Sparplan? 24

    5.4 Welche Indizes eignen sich für einen ETF-Sparplan am besten? 26

    5.5 Buy-and-Hold-Ansatz und langfristiges Anlageziel 26

6. Wie funktionieren ETFs? 30

    6.1 Thesaurierend 30

    6.2 Ausschüttend 31

    6.3 Physische Replikation 31

    6.4 Sampling-Methode 32

6.5 Synthetische Replikation 32

6.6 Rebalancing 33

7. Was sind die Vorteile von ETFs? 34

7.1 Geringes Fachwissen und wenig Zeit erforderlich 34

7.2 Automatisch 34

7.3 Schon mit sehr geringem Anlagebetrag möglich 35

7.4 Geringe Kosten 36

7.5 Breite Risikostreuung 37

7.6 Automatisch und passiv investieren 38

7.7 Emotionslos investieren 38

7.8 Durchschnittskosteneffekt 39

7.9 Renditeaussichten 40

7.10 Hohe Flexibilität 41

8. Was sind die Nachteile von ETFs? 42

8.1 Zielrendite nie besser als der Markt 42

8.2 Kosten 43

8.3 Persönliches Engagement 43

8.4 Tracking-Error 44

8.5 Hype und Heilsbringer - oder Sorgenkind und Hiobsbote? .. 44

9. Was sollten Sie bei der ETF-Auswahl beachten? 46

    9.1 Kosten 46

    9.2 Produkt- und Indexauswahl 48

    9.3 Größe und Volumen 49

    9.4 Anbieter 50

    9.5 Alter 50

10. Worauf sollten Sie bei der richtigen Brokerwahl achten? 51

    10.1 Wofür benötigen Sie ein Depot? 51

    10.2 Entscheidung treffen 52

    10.3 Gebühren 53

    10.4 Kostenlose Sparplanangebote 54

    10.5 Service 54

    10.6 Weiterreichung der Dividende 55

    10.7 Verfügbare Produkte 55

    10.8 Brokervergleich 56

11. Geld anlegen in ETFs - genau so geht's 57

    11.1 Schritt 1: Ziele bestimmen 57

    11.2 Schritt 2: Anlagebetrag definieren 58

11.3 Schritt 3: Anlagezeitraum bestimmen 58

11.4 Schritt 4: Anlagestrategie smart, simple and stupid 59

11.5 Schritt 5: Risiko definieren 60

11.6 Schritt 6: Den riskanten Teil in ETFs investieren 63

11.7 Kombination aus Aktien und ETFs als Anlagestrategien sinnvoll? 64

12. 7 Schritte, um ETFs zu kaufen 66

13. Bonus-Tipp: Das ETF-Weltportfolio 69

13.1 Die Grundidee 69

13.2 Der Aufbau 69

14. To-Do Checkliste 71

15. Schlusswort 72

1. Einleitung

Kennen Sie das Gefühl? Auf dem Girokonto gibt es schon lange keine Zinsen mehr. Sie wollen Ihr Geld anlegen. Aber Sie tun es einfach nicht. Gründe und Ausreden finden Sie genug: Manche haben *keine Zeit*, andere *wissen nicht, wo Sie anfangen sollen oder wie es geht*. Doch in den meisten Fällen steht Ihnen lediglich Ihre eigene Bequemlichkeit im Weg.

Die Entscheidung für dieses Buch ist ein erster Schritt zur Verbesserung. Nun machen Sie sich endlich einmal Gedanken. Sie fragen sich, wie Sie Ihr Geld überhaupt vermehren sollen und was Sie erreichen wollen. Sie fangen an, sich zu informieren und lesen Bücher.

Die Frage dabei ist einfach: Warum wollen Sie in EFTs investieren? Die Antwort ist ebenso einfach: Sie sind bereit, heute einige wenige Entbehrungen in Kauf zu nehmen, damit sich Ihr Vermögen in der Zukunft vermehrt und Sie im Alter einen höheren Lebensstandard genießen können.

Die Botschaft der Politik ist dabei klar und deutlich angekommen und steht auf jedem Ihrer Rentenbescheide: *Das Geld reicht im Alter nicht mehr aus. Sorgen Sie zusätzlich privat vor.* Das ist mittlerweile auch bei Menschen angekommen, die sich sonst eher wenig für die Themen Aktien, Börse und Investment interessieren. Und immer mehr Deutsche haben Angst vor Altersarmut.

Wie genau soll aber nun die Lücke zwischen der staatlichen Rente und dem tatsächlichen Finanzbedarf geschlossen werden? Das wissen Viele nicht. Für Viele ist es ein unangenehmes Thema, sich darüber Gedanken zu machen. Wer kümmert sich schon gern um die Altersvorsorge?

Sparpläne, *Riester-*, Rürup-*Rente*, *Aktienfonds*, *Immobilien*, *Lebensversicherungen* - es ist durchaus kompliziert. Wer weiß da schon noch, in was er investieren soll und was die größte Rendite bringt? Darauf gibt es keine einfachen Antworten. Doch wer hat, und will die schon?

Nach dem Lesen des Buches wissen Sie anschließend jedoch, wie Sie als Nächstes eine persönliche Strategie entwickeln und mit dem ersten eigenen ETF-Kauf durchstarten können. Wer sich mit ETFs beschäftigt, beschäftigt sich zwangsläufig auch mit dem Thema Aktien und Börse, denn nichts Anderes liegt ETFs zugrunde.

Dabei ist das Ganze kein Hexenwerk. Doch ist es wirklich so einfach, wie es Ihnen die Medien Glauben machen? Immer wieder wird nämlich die These kolportiert, ETFs, oder *Exchange Traded Funds,* wie sie richtig heißen, eignen sich gerade für Menschen, die sich nicht eingehender mit dem Vermögensaufbau beschäftigen und trotzdem ihr Geld vermehren wollen. Nun stimmt das überhaupt? Darauf wird in diesem Buch eingegangen.

Egal, wie viel oder wie wenig Kapital Ihnen zur Verfügung steht. Mit Blick auf die bevorstehende Rentenlücke sollte jeder kluge Privatanleger das Beste aus seinem Kapital machen und regelmäßig so viel sparen, wie möglich.

Viele Teile der Bevölkerung trauen sich bisher jedoch noch nicht an die Börse oder benötigen ihr Geld in absehbarer Zukunft. Wer die Null-Zins-Politik der Zentralbanken aber leid ist, der sieht sein Geld weiterhin auch schlecht auf Tages- und Festgeldkonten aufgehoben. Ein langfristiges ETF-Depot stellt dagegen erwiesenermaßen die bessere Alternative dar. Wie Sie ein solches einrichten, welche Vorteile, aber auch Grenzen und Nachteile ETFs haben und worauf Sie noch achten müssen, das erfahren Sie in diesem Buch.

2 Grenzen des Vermögensaufbaus

Im Hinblick auf die Vermögensverwaltung und Geldanlage kennen sich viele Teile der Bevölkerung nicht richtig mit den Themen *Aktien*, *Börse* und *Sparanlagen* aus und lassen ihr Geld daher lieber auf ihrem Girokonto *versauern*. Nichts ahnend, dass sie da zum einen überhaupt *keine Zinsen* mehr bekommen, sondern dass ihr Geld durch die sogenannte *Inflation* und dem damit einhergehenden *Kaufkraftverlust* auch stetig weniger Wert wird.

2.1 Die Inflationsrate

Bei der *Inflation* handelt es sich um eine Veränderung der Preise für Dienstleistungen und Waren im Vergleich zum Vorjahreszeitraum. Ist der Wert positiv, so müssen Verbraucher für Konsumgüter und Dienstleistungen *mehr Geld* ausgeben. Ist der Wert negativ, würde das eine Abnahme des Preisniveaus bedeuten. In den vergangenen Jahrzehnten ist der Preis in Deutschland jedoch *fast ausschließlich gestiegen*.

Beispiel:

Eine positive Inflationsrate von 1,8 Prozent im Oktober 2017 bedeutet daher nichts anderes, als das die Verbraucherpreise für Produkte und Dienstleistungen im Vergleich zum Oktober 2016 um eben genau diesen Prozentsatz gestiegen sind. Die Inflationsrate wird dabei monatlich je am 28. des Monats vom Statistischen Bundesamt in Wiesbaden errechnet und veröffentlicht. Aktuell liegt die Inflationsrate laut *Bundesbank, Inflationsprognose* für September 2017, bei 1,8 Prozent (nach 1,8 Prozent im August, 1,7 Prozent im Juli, 1,6 Prozent im Juni, 1,5 Prozent im Mai, 1,6 Prozent im März, 2,2 Prozent im Februar und 1,9 Prozent im Januar).

Dabei handelt es sich hier um Durchschnittswerte für einen speziell ermittelten bundesdeutschen Warenkorb. Wenn Sie Produkte kaufen, die davon abweichen oder in einer anderen Anzahl, so kann auch Ihr persönlicher Wert der Inflation deutlich höher oder niedriger ausfallen. Im September 2017 trugen zum erneuten Anstieg der Preise beispielsweise besonders die Warengruppen *Nahrungsmittel* mit 3,6 Prozent, *Haushaltsenergie und Kraftstoffe* mit 2,7 Prozent, *Wohnungsmieten* mit 1,7 Prozent sowie *Dienstleistungen* mit 1,6 Prozent bei. Die mittlere Jahresinflation stieg 2017 bisher um 1,8 Prozent von lediglich 0,5 Prozent im Vorjahr. Das bedeutet: Die Produkte und Dienstleistungen im statistischen Vergleichswarenkorb sind um diese Zeit des Jahres um 1,8 Prozent teurer als noch vor einem Jahr.

2.2 Mangelndes Anlagewissen

Ihr Geld wird also *immer weniger wert*, beziehungsweise werden die Produkte immer *teurer* und Sie *bekommen* für Ihr Geld einfach *weniger davon*. Diese missliche Situation ist Ihnen sicher schon eine Weile sauer aufgestoßen! Doch neben dem Job, Ihrem Partner, der Familie und den Kindern ist ja jetzt schon kaum noch Zeit für Ihre Hobbys, mögen Sie denken. Wie sollen Sie da auch noch die Zeit und Geduld aufbringen, sich mit Ihrer Geldanlage zu beschäftigen? Und sicher haben Sie schon einmal in der Zeitung oder im Fernsehen gesehen, wie vermeintliche Experten und findige Aktienbetrüger zwar vorspielen, Ihr finanzielles Wohl im Sinn zu haben, sich in Wahrheit aber lediglich selbst die eigenen Taschen vollmachen.

Und wenn Sie ganz ehrlich sind, war Ihnen das Angebot Ihres Chefs schon zu wider, von der betrieblichen Rente und den vermögenswirksamen Leistungen Ihrer Firma Gebrauch zu machen. Schließlich brauchen Sie das Geld jetzt. Und man will sich ja auch ab und an noch was gönnen dürfen!

2.3 Die Entwicklung der Kapitalmärkte

Da sind Sie bereits einem großen Irrtum aufgesessen. Denn nur ein kleiner *Verzicht im Hier und Jetzt* kann ein großer Zugewinn an Lebensqualität in der Zukunft bedeuten. Dass das Sparbuch sowie Tagesgeldkonten zur Geldanlage ausgedient haben, das hat sich mittlerweile schon bis in die letzten Ecken des Landes herumgesprochen. Nun haben Sie erfahren, dass ETFs in aller Munde sind. Doch was taugen diese konkret?

Wie sie funktionieren und welche Vorteile sie mit sich bringen, das erfahren Sie in diesem Buch. Dabei werden ETFs hier keineswegs als Allheilmittel oder einzig Wahres für jede Situation angepriesen. Denn die Ereignisse im Rahmen zweier spektakulärer Finanzkrisen haben viele Sparer misstrauisch gemacht. Vieles wurde versprochen, und am Ende drohten mehrere Staatspleiten und die Zinsen fielen auf neue Negativrekordwerte. Die klassische Anlage des Gesparten bei der Hausbank lohnt sich seitdem nicht mehr. Noch viel schlimmer, auch das Flüchten in reelle, physische Wertanlagen, wie Immobilien schien nicht mehr sicher. Das im deutschen Sprachraum vertrauenserweckende *Betongold* musste allein während der Immobilienkrise in den USA 2007/2008 herbe Wertverluste verkraften. Teilweise verloren viele Familien ihr Haus, konnten Kredite nicht abbezahlen und wurden in den finanziellen Ruin getrieben.

Ein weiteres Negativbeispiel ereignete sich bereits einige Jahre zuvor in Deutschland: 1996 ging die *Deutsche Telekom* an die Börse. Begleitet von einer bis dahin unvergleichlichen Werbekampagne unterstützen auch viele Prominente den Börsengang und warben öffentlich bei den Verbrauchern für eine Investition. Der Börsengang selbst war dann zunächst ein riesiger Erfolg. Viele Menschen kamen zum ersten Mal mit der Börse in Berührung und der Aufschwung des sogenannten neuen Marktes trug sein Übliches dazu bei. Die Euphorie war groß und die Zahl der Aktienbesitzer ist bis heute nie wieder erreicht. In jeder Zeitung standen Wirtschafts- und Börsenthemen groß auf den Titelblättern und jeder der konnte, *verjubelte seine* Ersparnisse in die neue Volksaktie und andere interessante Aktienwerte.

2.4 Denn sie wissen nicht, was sie tun

Das Problem: *Viele der Anleger wussten gar nicht so recht, was sie taten.* Und so kam es, wie es kommen musste. *Des Einen Gewinne, sind des Anderen Verluste.* Und nachdem zunächst alles nach Plan verlief und die Aktie drei Jahre lang durch die Decke ging, kam die Kehrtwende. Zunächst von einem Höchststand zum Nächsten, bis auf über 100 Euro geklettert, stürzte die Telekom-Aktie daraufhin auf unter 15 Euro ab und die meisten Anleger wussten nicht, was Sie tun sollten. Viele der Menschen in Deutschland haben dabei einen Großteil ihrer Ersparnisse verloren und gerieten teilweise in unüberwindbare Schwierigkeiten und wirtschaftliche Schieflage.

Genauso, wie es damals anlegerisches Harakiri war, alles auf die Telekom-Aktie zu setzen, so wäre es heute wirtschaftlicher Irrsinn, alles nur auf ein Finanzprodukt, wie ETFs zu setzen. Was bleibt, neben der Erkenntnis, wie gefährlich es ist, alles auf eine Karte zu setzen, ist, dass viele Sparer kein Verständnis für ihre Geldanlagen hatten und sich auf andere verließen. Genau hier lag ein grundlegender Fehler, den Sie mit dem Kauf dieses Buches schon einmal vermieden haben:

Vertrauen Sie nicht den Versprechungen anderer, sondern bilden Sie sich selbst finanziell weiter! Niemandem ist Ihr Geld wichtiger als Ihnen selbst. Geben Sie es daher nicht in fremde Hände!

Hätten die Menschen damals einen Plan oder Plan B gehabt, hätten sie gewusst, wie sie eine *Notbremse* installieren und wären bei der Kurskehrtwende mit lediglich kleinen Verlusten oder noch deutlich im Gewinn *automatisch* rausgegangen. Sie hätten die Aktie längst verkauft gehabt, bevor die große Talfahrt einsetzte. Wer jedoch Geld, ohne groß nachzudenken, nur in einer Aktie anlegte, der riskierte ein unnötig großes Risiko und damit auch herbe Verluste. Bis heute hat sich die Telekom-Aktie nicht wieder erholt und steht aktuell (Stand: Oktober 2017) bei 15 Euro.

Was können Sie daraus lernen? - genau *2 Dinge:*

1.) Bilden Sie sich selbst weiter und hören Sie weder auf Freunde, Prominente noch Bank- und Anlageberater.

2.) Eine optimale Anlagelösung investiert nie Ihr gesamtes Geld in nur eine Anlageklasse, sondern streut das Geld und verteilt damit das Risiko über verschiedene Gruppen und Geldanlagen.

Sehen Sie ETFs daher unbedingt als das, was sie sind: *eine zusätzliche Möglichkeit* Ihres Vermögensaufbaus und Ihrer Altersvorsorge. Wenn Sie interessiert, warum Sie beim Bilden Ihrer Rücklagen für das hohe Alter nicht auf ETFs verzichten sollten, dann lesen Sie bitte im nächsten Kapitel weiter.

2.5 Mangelnde Altersversorgung

Alles in allem geht es Ihnen bei der Investition in ETFs doch um den Vermögensaufbau, um damit vielleicht im Alter bessere Lebensbedingungen zu haben. Die staatliche Rente ist nicht mehr garantiert, und neben der betrieblichen Rente suchen Sie nun also Wege, selbst noch privat vorzusorgen. Bei der Alterssicherung sollte dabei zunächst zwischen *Altersversorgung* und *Altersvorsorge* unterschieden werden.

Bei der Altersversorgung handelt es sich beispielsweise um Zahlungen, welche Ihnen als Anspruchsberechtigter von Institutionen zugeführt werden, wenn Sie beispielsweise in den Ruhestand eintreten. Sie sollen eine kontinuierliche Versorgung mit realen Gütern, insbesondere im Altersruhestand sicherstellen, sodass Sie Ihren eingerichteten Lebensstandard erhalten können, auch, wenn mit Eintritt in den Ruhestand das Arbeitseinkommen dauerhaft ausfällt. Elemente der Altersversorgung sind beispielsweise Altersruhegeld für Arbeitnehmer, Witwen-, Waisen- und Invalidenrente.

2.6 Mangelnde Altersvorsorge

Die Altersvorsorge hingegen setzt sich aus Maßnahmen zusammen, die schon während Ihres Berufslebens installiert wurden, um ein ausreichendes Einkommen im Alter zu gewährleisten. Dies kann im

Rahmen der verpflichtenden Zahlungen in die gesetzliche Rentenversicherung, einer betrieblichen sowie einer privaten Altersvorsorge geschehen.

Die strukturelle Ausgestaltung der Alterssicherung, in Deutschland, ist in die drei Säulen *gesetzliche, betriebliche und private Absicherung* unterteilt und darauf ausgerichtet, ein bestimmtes Lebensniveau zu garantieren, und die materielle Bedrohung der Altersarmut möglichst gering zu halten. Ob das System dabei den Bedürfnissen des Einzelnen genügt, hängt im Wesentlichen von Ihnen selbst ab. Da jedoch die zweite und dritte Säule freiwilliger Natur ist, zeigt das schon, dass nicht jedes Individuum diese in Anspruch nehmen wird.

Durch eine *Nutzung der zweiten und dritten Säule* erhöhen Sie Ihre persönliche Verlässlichkeit und Funktionsfähigkeit des Alterssicherungssystems. Durch eine weitere Verschiebung der Gewichtung können Sie den oben beschriebenen Problemen ebenfalls zusätzlich erfolgreich entgegenwirken.

2.7 Staatliche Alterssicherung reicht nicht aus

Die staatliche Alterssicherung ist eine Pflichtversicherung, aufgrund derer der Staat den überwiegenden Teil der Alterssicherung garantiert. Dazu zählen neben der Rentenversicherung für Angestellte, die Beamtenversorgung, die knappschaftliche Rentenversicherung sowie die Systeme zur Versorgung von Landwirten und Selbstständigen. Der Beitragssatz wird jährlich unter Beachtung der im Rentenversicherungsbericht veröffentlichten Vorausberechnungen des Statistischen Bundesamtes festgelegt, und beträgt zurzeit 19,5 Prozent für die gesetzliche Rentenversicherung der Arbeiter und Angestellten.

Die tatsächliche Auszahlung der Rentenhöhe wird durch die Rentenformel ermittelt, in welche die Höhe der Beitragszahlungen, die Dauer der Einzahlungen sowie die allgemeine Lohnentwicklung einfließen. Die Einnahmen der Rentenversicherungskassen setzen sich zu 20 Prozent aus Zuschüssen des Bundes und zu 80 Prozent aus Beiträgen der Versicherten zusammen, welche wiederum zur Hälfte von Arbeitnehmern und Arbeitgebern gezahlt werden. Dieses umlagebasierte Verfahren *gerät immer weiter in Schieflage*, da weniger Arbeitnehmern immer mehr Rentnern gegenüberstehen und die Bevölkerung zunehmend auch noch älter wird, also längere Rentenansprüche hat.

Das Problem ist, dass beim Umlageverfahren, die Erwerbstätigen Beiträge in die Rentenkasse einzahlen. Diese Beiträge werden direkt wieder dazu verwendet, die Renten der aktuellen Rentner zu finanzieren. Dieser Transferprozess findet zeitnah statt, sodass es *zu keiner Bildung eines Kapitalstocks* kommen kann. Das Umlageverfahren vertraut einzig und allein auf die Stabilität der Lohnsummenentwicklung beziehungsweise der Erwerbseinkommen.

Durch die geleisteten Rentenbeiträge erwerben die Beitragszahler per Gesetz eigene Rentenansprüche, denen beim Renteneintritt jedoch keine volkswirtschaftliche Kapitalbildung und somit auch *kein volkswirtschaftliches Vermöge*n gegenüberstehen. Schrumpft die Bevölkerung oder wird zunehmend älter, so entstehen kaum lösbare Finanzierungsprobleme. Daraus ergibt sich eine Spirale von weiteren Problemen: Da die immer älter werdende Gesellschaft, und somit ein Großteil der gesamten Volkswirtschaft, damit über einen geringeren Kapitalstock verfügt, welcher nur noch für den Kauf von Produkten eingesetzt werden kann, hat dies eine niedrigere Arbeitsproduktivität und auch ein niedrigeres Arbeitseinkommen für die noch Erwerbstätigen zufolge. Das System zehrt sich selbst auf und droht zu scheitern.

2.8 Freiwillige Zusatzmaßnahmen werden immer wichtiger

Aufgrund dieser Problematik reicht es nicht mehr aus, sich auf die staatliche Rente zu verlassen, sondern zusätzlich vorzusorgen. Dies können Sie in Form der zweiten Säule tun und auf ein Angebot Ihres Arbeitgebers eingehen, welcher die Altersversorgung und Altersvorsorge im Rahmen des Arbeitsverhältnisses organisiert. Im Rahmen dessen werden, basierend auf den mit Ihnen getroffenen Vereinbarungen, bestimmte Beträge Ihres Arbeitsentgelts direkt in Vorsorgebeträge umgewandelt. Zu den verschiedenen Formen der betrieblichen Altersvorsorge zählen die direkte Zusage, als traditionsreichste Form, die Pensionskassen, der Pensionsfonds, die Direktversicherung sowie Unterstützungskassen.

Doch auch dies reicht heute meist nicht mehr aus und *eigenverantwortliche Maßnahmen* zum Aufrechterhalten des Lebensstandards werden immer wichtiger. Diese weitest gehend kapitalgedeckte Altersvorsorge wird in der Regel aus dem frei verfügbaren, schon bereits versteuerten Einkommen bestritten. Staatlich geförderte Programme, wie die Riester-Rente, die Arbeitnehmersparzulage auf vermögenswirksame Leistungen sowie die Wohnungsbauprämie, auf Leistungen zu Bausparverträgen, können dazu mit außerstaatlichen Produkten kombiniert werden. Hierzu sind neben der Lebensversicherung, Immobilien, Aktien, Investmentfonds sowie private Rentenversicherungen als Instrumente der dritten Säule zu nennen. *Auch ETFs* gehören in diese Kategorie.

Anders, als beim Umlageverfahren, handelt es sich hierbei um ein *Kapitaldeckungsverfahren*. Beiträge der Erwerbstätigen werden gesammelt und in einen Kapitalfonds eingezahlt und verzinst. Das Kapitaldeckungsverfahren vertraut dabei auf die Stabilität der Kapitaleinkommen und der Kapitalmärkte. Die Beiträge werden über den Zeitverlauf der Erwerbsphase kumuliert und dienen dann der Finanzierung des Lebensunterhalts, womit sie ab dem Eintritt in den Ruhestand kontinuierlich abgebaut werden. *Dem individuellen Rentenanspruch* steht *ein individuelles und volkswirtschaftliches Vermögen gegenüber*. Die Rentenansprüche eines jeden Einzelnen sind infolgedessen durch die zuvor geleisteten und verzinsten Beiträge gedeckt. Da ist die Rentenleistung auch weitestgehend von den demografischen Entwicklungen in der Bevölkerung abgekoppelt.

Sie, als Privatanleger sind dabei nicht nur für Ihre eigene Altersabsicherung und Ihren Vermögensaufbau verantwortlich. Sie sind mit Ihrem Einkommen und Konsumentenentscheidungen ein wichtiger Faktor der Volkswirtschaft. Anlageentscheidungen treffen Sie, als Privatanleger, in erster Linie aufgrund Merkmale der Zukunftsbezogenheit, des Zeitdrucks und der wirtschaftlichen Unsicherheit. Welche Rolle ETFs dabei spielen können, das erfahren Sie im nächsten Kapitel.

2.9 Geldanlage eigenverantwortlich planen

Sicher soll es Ihnen einmal nicht so gehen, wie den Telekomanlegern um die Jahrtausendwende. Viele dieser Anleger hatten sich nicht genügend informiert und tragen daher selbst eine große Mitschuld an ihren Verlusten. Wenn Sie sich auf Ihre Bankberater verlassen, so dürfen Sie sich am Ende nicht wundern, wenn er Ihnen die hauseigenen Produkte verkauft.

Was glauben Sie, wie finanziert sich ein Modell, bei dem Sie eine kostenlose Beratung, Kaffee, Cola oder Wasser angeboten bekommen und sich der Berater, im schicken Anzug, eine Stunde Zeit für Sie nimmt und Sie *berät*? Eben! Genau daher ist es so wichtig, die Vorgehensweise von Banken und Versicherungen zu kennen, und sich ein eigenes Bild zu machen. Nur so können Sie auch in schwierigen Phasen die Situation richtig überblicken und analysieren, um daraus rationale und nicht emotionsgetriebene Schlussfolgerungen zu ziehen. Lassen Sie sich also keine Finanzprodukte *schönreden,* die Sie selbst nicht verstehen und planen Sie Ihre Geldanlage stattdessen besser selbst. Wie Ihnen ETFs dabei helfen, was deren Vor- und Nachteile sind und wie Sie mit der praktischen Umsetzung beginnen, das erfahren Sie in den nachfolgenden Kapiteln.

3. Unterscheidung zwischen Einzelaktie und ETF

3.1 Aktien - Risiko oder Rendite?

Aktien haben in Deutschland immer noch einen sehr schlechten Ruf. In der Gesellschaft assoziieren immer noch große Teile der Bevölkerung Aktien mit windigen Briefkastenfirmen in Panama oder fadenscheinigen Betrügern aus Asien, die ohne tatsächliches Geschäftsmodell nur eben schnell das Beste der Börsianer einsammeln wollen: nämlich Ihr Geld.

Doch im Grunde sind *Unternehmensbeteiligungen* weder etwas Verwerfliches, noch handelt es sich dabei um wilde Zockerei und Spekulation. Als Aktionär und Börsenanleger investieren Sie in ein werthaltiges Unternehmen mit echten Produkten, die Sie im Bestfall auch noch täglich selbst nutzen.

Wer sich heute mit den Themen Börse, Trading und Aktien beschäftigt, der stößt jedoch schnell auf starken Gegenwind. Jeder kennt jemanden, der zu Beginn des Jahrtausends eine Menge Geld verloren hat. Was auch ganz normal ist, schließlich haben Einige auch horrende Gewinne erzielt - und die Gewinne des Einen sind bekanntlich zwangsläufig die Verluste des Anderen.

Doch um an der Wertentwicklung von Unternehmen zu partizipieren, sind Aktien in der Tat eine hervorragende Möglichkeit, bei überblickbarem Risiko - vorausgesetzt, Sie wissen, was Sie tun, und haben sich intensiv mit dem Unternehmen auseinandergesetzt.

Hier kommen wir auch schon wieder zu einer Kernaussage: Während in der öffentlich wahrgenommenen Meinung wahlweise Angst oder Euphorie durch die Medien geschürt wird, lässt sich das Thema auf ein Schlagwort herunterbrechen: *WISSEN*.

Eine Aktie gleicht nicht einer anderen und Börse ist nicht gleich Börse. Je mehr Wissen und differenzierte Betrachtung Sie über ein Thema gewinnen können, umso fundierter werden Ihre Anlageentscheidungen aussehen.

3.2 Was sind Aktien?

Doch was sind Aktien überhaupt? Kurz gesagt: Bei Aktien handelt es sich um *Anteile an Unternehmen*. Indem Sie eine Aktie eines Unternehmens kaufen, gehört Ihnen ein kleiner Teil von diesem.

Hinter Aktien stecken also reale Unternehmen. Wenn das Unternehmen gut wirtschaftet, dann profitieren Sie davon, indem ein Teil der Gewinne in Form von Dividenden an Sie ausgeschüttet wird. Wenn die Nachfrage nach dieser Aktie an der Börse steigt, so sind Anleger bereit, einen höheren Preis dafür zu zahlen, und daraufhin steigt auch der Kurs Ihrer Aktie. Genauso kann es aber andersherum gehen und das Unternehmen macht Verluste. Das wiederum hat in der Regel negative Auswirkungen auf den Aktienkurs.

Daher gilt auch hier: *In möglichst viele verschiedene Unternehmen und Branchen investieren!* Hier wird bereits ein Grundproblem von Aktien gegenüber anderen Finanzprodukten erkennbar. Bei Aktien handelt es sich um Anteile *eines* Unternehmens. Um Ihr Risiko zu streuen, müssten Sie also sehr viele verschiedene Aktien, von vielen verschiedenen Unternehmen kaufen. Dabei ergeben sich direkt zwei weitere Probleme:

1.) *Gebühren:* Mit jedem Kauf gehen jedoch auch erst einmal Bankgebühren einher, und wenn Sie Aktien später wieder mit Gewinn (oder Verlust) verkaufen wollen, so zahlen Sie erneut Gebühren.

2.) *Auswahl:* Woher sollen Sie genau wissen, welches Unternehmen es überhaupt wert ist, gekauft zu werden? Erwartet das Unternehmen dauerhafte und langfristige Gewinne? Wird es sich erfolgreich gegen seine Konkurrenz durchsetzen können und wirtschaftet das Management nachhaltig?

Mit Aktien müssen Sie sich also aktiv und sehr intensiv beschäftigen, sonst haben Sie nicht nur viele Kosten, sondern auch noch herbe Verluste hinzunehmen. Leider fehlt vielen Menschen jedoch zum einen dieses Bewusstsein, und zum anderen der Wille und die Zeit sich damit zu beschäftigen.

3.3 Wie können Sie von Aktien profitieren?

Im Grunde genommen können Sie an der Börse auf zwei klassische Arten mit Aktien Geld verdienen.

1.) Geld selber anlegen

2.) Sie lassen Ihr Geld für sich anlegen

Beide Möglichkeiten hatten bisher entscheidende Nachteile. Bei der ersten Form, der Selbstanlage, ist ein *hohes Fachwissen* über die Finanzmärkte, die Börse sowie die Unternehmen und deren Geschäftsmodelle von Nöten. Selbstanleger kommen nicht drum herum, sich zumindest ein gewisses Grundwissen aufzubauen, um wenigstens in Ansätzen zu verstehen, wie das Thema Börse funktioniert. Sonst sind sie nicht einmal in der Lage, einen Aktienkauf bei ihrer Bank zu beauftragen. Während bei dieser Variante lediglich vergleichbar geringe Bankgebühren für den Kauf, die Haltung und den Verkauf von Aktien entstanden, so *kostet die Anlage durch einen Berater deutlich mehr Verwaltungs- oder Managementgebühren.*

Wer sich nicht mit Strategien, Recherchen und Diversifikation beschäftigen will, der greift in der Regel auf einen Vermögensberater, Bankberater, oder Fondsmanager zurück. Diese übernehmen die Arbeit und Recherche für Sie, werden jedoch auch in Form einer Provision von meist mindestens 2,5 - 5 Prozent vergütet. Neben den Bankgebühren, die natürlich weiterhin anfallen, haben Sie also auch noch die Berater- oder Managementgebühren zu tragen. Und Studien haben ergeben, dass die Mehrheit dieser Berater keine besseren Gewinne erzielt, als der Durchschnitt der üblichen Marktteilnehmer.

Hier entstanden vor wenigen Jahren neue Produkte am Markt, die versuchten, beide Nachteile auszumerzen. Das Ziel war es, *Anlegern ein breit gestreutes Portfolio* anzubieten, um dessen *Einzeltitelauswahl* Sie sich *nicht kümmern* brauchen, und das bei *wesentlich geringeren Kosten* dennoch eine *deutlich bessere Gewinnprognose* zulässt: *Die ETFs waren geboren.*

4. Was sind ETFs?

4.1 Definition

Der Kampf war demnach eröffnet. Was ist besser? Aktien oder ETFs? Wichtig: In beiden Fällen wird ausschließlich eine langfristige Investition, über mehrere Jahre, in den Aktienmarkt betrachtet, mit dem Ziel, das Vermögen sukzessive aufzubauen. Idealerweise werden sowohl Aktien als auch ETFs nach der *Buy-and-Hold-Strategie* gekauft, das heißt *langfristig* gehalten.

Während Anleger bei Einzelaktien noch die einzelnen Unternehmen genau betrachten, günstige Einstiegszeitpunkte analysieren, und selbst eine breite Auswahl zwecks der Risikostreuung suchen mussten, handelt es sich bei ETFs um eher passive Investments. *Exchange Traded Funds* sind Finanzinstrumente, welche den *Markt* und dessen *Wertentwicklung*, dargestellt an einen *Index*, so genau wie möglich nachbilden, und im Idealfall, die dem Index zugrunde liegende Rendite nachahmen. Daher sind ETFs von Haus aus weiter gestreut, da Sie ein breites Spektrum an Titeln repräsentieren, wie etwa in dem deutschen Aktienindex oder im amerikanischen S&P 500.

Der Grundgedanke dahinter ist, sich nicht nur wenige Einzeltitel herauszupicken (Thema: *Stock picking),* sondern am Wachstum einer gesamten Wirtschaft (DAX = Deutschlands 30 größte Unternehmen, S&P 500 = Amerika), zu partizipieren. Da die größten Unternehmen in jedem Land in der Vergangenheit Vieles richtig gemacht zu haben scheinen, hoffen Anleger darauf, dass die Größten und Besten der Branche zusammengenommen, auch in den Folgejahren weiter erfolgreich sind.

4.2 Ziel

ETFs haben also ebenso das gleiche Ziel der Gesamtwertmaximierung, wie Aktien. Durch das passive Nachbilden einer ganzen Gruppe von Aktienwerten müssen Sie, als Anleger, jedoch nicht alle 30 Einzeltitel des DAX kaufen (oder 500, oder 1.600). Sie sparen aber erhebliche Kosten und Gebühren und verteilen Ihr finanzielles Risiko breit auf vielen Schultern. Dadurch, dass ein ETF in den volkswirtschaftlichen Gesamtmarkt investiert, ist das Risiko einzelner Unternehmensverluste oder gar Pleiten, nahezu vernachlässigbar. Wenn die anderen Unternehmen weiterhin erfolgreich wirtschaften, dann fällt selbst eine Unternehmenspleite eines einzelnen Unternehmens in Ihrem Anlagedepot nicht weiter ins Gewicht, da es nur einem Bruchteil des Gesamtvermögens entspricht. Genaueres dazu können Sie gern in den Vor- und Nachteilen der ETFs nachlesen.

4.3 Diversifikation

Neben einer klaren Zieldefinition führt eine breite Aktienauswahl dazu, Ihr Risiko zu minimieren. Diese breite Verteilung auf viele Aktien, unterschiedliche Märkte und mehrere Branchen, heißt in der Fachsprache *Diversifikation*. Es bedeutet im Kern, dass eine einzelne Aktie stärker schwankt, als ein gesamter Index. Dementsprechend schwankt auch ein ETF, als Indexfonds weniger, welcher einen marktbreiten Index abbildet.

Im Grunde braucht es nicht mehr als zwei bis vier gut ausgewählte ETFs. Denn ETFs stellen Anlegern schon von Haus aus einen breiten Korb an Aktien zusammen, in welchen Sie mit nur einem ETF investieren können. Für Sie ergibt sich der Vorteil, mit der Auswahl nur eines Produktes, in beispielsweise weit mehr als 1.000 Unternehmen, zu investieren. Dies hat vor allem aus Sicht der *Risikoverteilung besondere Anreize*.

4.4 Risikostreuung

Die Zielrendite, bei einer passiven ETF-Strategie, entspricht dabei immer der *durchschnittlichen Marktrendite* abzüglich ihrer Kosten. Das bedeutet, Sie können, anders als bei der Auswahl von Einzelaktien, auch *nicht besser als der Gesamtmarkt abschließen*. Dadurch, dass Ihre Investition auf viele Unternehmen verteilt ist, bleibt wenig Spielraum für falsche Entscheidungen durch den Investor. Der persönlich erforderliche Einsatz bei dieser Strategie ist minimal. Es ist ratsam, verstanden zu haben, wie ETFs funktionieren und wie Sie sich damit ein Portfolio aufbauen können. Im Vergleich zur Auswahl von Einzelaktien braucht es erheblich weniger Aufwand gewünschte ETFs zu kaufen, um damit breit und risikoarm investiert zu sein.

4.5 Was ist nun besser? Einzelaktie oder ETF?

Sowohl das passive Investment in ETFs als auch der Kauf von Einzelaktien, stellt nachhaltige und solide Möglichkeiten des Vermögensaufbaus für Privatanleger dar. ETFs streuen das Risiko breit und kosten nur geringe Gebühren. Daneben gibt es aber auch Nachteile, auf die im nächsten Abschnitt genauer eingegangen wird.

Die Höhe, des zur Verfügung stehenden Budgets und die Frage nach dem persönlichen Interesse und Engagement, sind daher die zwei wichtigsten Entscheidungskriterien bei der Wahl zwischen diesen beiden Anlageformen. Während der Kauf von Einzelaktien aufgrund der Minimalkosten erst ab 500 – 1.000 Euro pro Aktie wirklich Sinn ergibt, kann in ETFs schon ab monatlich 25 Euro investiert werden. Wenn Sie also keine Lust haben, sich intensiver mit der Börse oder einzelnen Unternehmen zu beschäftigen, oder Ihre Anlagesumme momentan kein größeres Budget zulässt, so lohnt sich für Sie der Aufwand von Einzelaktientiteln in der Regel nicht.

5. ETF-Sparpläne

5.1 Was sind ETF-Sparpläne?

ETF-Sparpläne sind die kostengünstigste Möglichkeit, um nahezu *ohne* Gebühren regelmäßig und nachhaltig zu sparen und Ihr Geld anzulegen. Wenn Sie bisher noch nicht regelmäßig sparen, dann erfahren Sie nun hier, wie es funktioniert. Der ETF-Sparplan ist dabei nichts anderes als ein *Dauerauftrag*, der monatlich, viertel- oder halbjährlich eine von Ihnen festgelegte Sparrate investiert. Das Geld landet dabei nicht auf dem Tagesgeld- oder Sparkonto, sondern wird direkt in einen oder mehrere ausgewählte ETFs angelegt.

5.2 Wie funktioniert ein ETF-Sparplan?

Um einen ETF-Sparplan einzurichten, benötigen Sie ein Wertpapierdepot. Wie Sie ein solches genau einrichten, erfahren Sie weiter hinten im Buch. Viele Direktbanken bieten heutzutage eine kostenlose Depotführung und -verwaltung an. Das heißt, lediglich für die tatsächliche Ausführung eines Kauf- oder Verkaufsauftrages können (müssen nicht) Gebühren anfallen. Häufig haben die Banken Partnerschaften mit speziellen ETF-Anbietern, sodass ein Kauf ausgewählter ETF-Sparpläne zumindest rabattiert oder sogar gänzlich kostenlos ist.

Nach der erfolgreichen Depoteröffnung ist das eigentliche Einrichten eines ETF-Sparplans nicht schwieriger, als einen Dauerauftrag für die Mietüberweisung einzurichten: Sie suchen sich einen oder mehrere der angebotenen ETFs nach Ihren Kriterien aus und wählen an, dass

Sie diese regelmäßig besparen wollen. Dazu müssen Sie auswählen, wie viel Geld jeweils in welchem Zeitraum investiert werden soll und an welchem Tag des Monats (zum Beispiel 1., zum 7, zum 15., usw.) die Ausführung stattfinden soll.

Letztendlich war es das schon. Der ETF-Sparplan ist nun eingerichtet. Zum angegebenen Termin wird Ihr Geld in die ausgewählten Werte investiert. Die genaue Schrittfolge wird später im Buch noch detailliert erklärt. Durchhaltevermögen und Disziplin zahlen sich hierbei besonders aus. Die Vergangenheit hat gezeigt, dass es keinen Zehnjahreszeitraum gibt, in dem Anleger keine positive Rendite erzielt hätten. Sie können sich also ab sofort zurücklehnen und auf die Geschicke der Unternehmensführungen dieser Welt vertrauen. Denn unabhängig vom aktuellen Kurswert einzelner Aktien und somit des ETFs, investieren Sie stoisch immer den gleichen Betrag in weitere ETF-Anteile. Angenommen, Sie investieren monatlich je 200 Euro in einen ETF, so erwerben Sie stets Anteile in genau diesem Gegenwert. Schwankt der Wert der Anteile, wovon auszugehen ist, so bekommen Sie beispielsweise einmal eben genau 2 Anteile, im nächsten Monat 1,8 oder vielleicht sogar 2,4 Anteile. Langfristig bauen Sie sich damit allmählich einen ansehnlichen Anteil auf sowie ein Sparsümmchen, welches an den Gewinnen der Wirtschaft partizipiert und dadurch auch noch verzinst wird.

5.3 Ab welchem Betrag lohnt sich ein ETF-Sparplan?

Dies ist wohl für viele Anleger die wichtigste Frage. Es gibt keine fest definierten Zahlen, ab wann sich der Kauf von ETFs *lohnt*. Anders als bei Aktien ist der Vorteil, dass es aber ein viel geringeres Minimum für diese Strategie gibt. Dieses liegt aber nicht bei 500 bis 1.000 Euro, wie bei Einzelaktien.

Schon bereits ab 25 Euro im Monat lohnen sich Sparpläne. Bei einigen Anbietern können Sie sogar schon ab einer Sparrate von zehn Euro eingerichtet werden. Es gibt kein anderes Finanzprodukt, bei dem mit so geringem Startkapital eine solch ausreichend breite Streuung erreicht werden kann. Beim Einzelaktienkauf fällt hingegen ein Kapitalbedarf von mindestens 10.000 bis 15.000 Euro an, wenn Sie nur 10 bis 15 Werte kaufen wollen, um zumindest eine minimal ausreichende Streuung zu erzielen. Und dabei handelt es sich noch um das Minimum, besser wäre eine Aktienauswahl von 20 bis 25 Unternehmen. Das könnten Sie jedoch schon mit einem einzigen ETF erreichen.

ETF-Sparpläne können Sie jederzeit individuell an die persönlichen Gegebenheiten und Veränderungen anpassen. Sollten Sie beispielsweise regelmäßige Gehaltsanpassungen bekommen oder dank einer Gehaltserhöhung plötzlich mehr verdienen, so stellen Sie beispielsweise eine Dynamisierung ein. Damit wird Ihre Sparrate ab sofort oder prozentual angehoben. Auch können Sie Raten ganz auslassen und pausieren, kürzen oder jederzeit wieder beenden, wenn in Ihrer Lebensplanung etwas Unvorhergesehenes dazwischenkommt.

Haben Sie regelmäßig Geld übrig, welches Sie investieren wollen, so lohnt sich ein ETF-Sparplan bei gleichzeitig vergleichsweise niedrigem Aufwand. In der Regel sollten Sie nicht mehr als eine Stunde dafür benötigen, den Sparplan in Ruhe einzurichten. Wenn Sie einen *Buy-and-Hold*-Ansatz verfolgen, brauchen Sie theoretisch die nächsten Jahre nicht einmal mehr ins Depot schauen (was Sie aber dennoch ab und an tun sollten).

5.4 Welche Indizes eignen sich für einen ETF-Sparplan am besten?

Grundsätzlich lässt sich hier keine allgemeingültige Aussage treffen. Die weltweit größten Indizes, wie der deutsche DAX, der amerikanische Dow Jones und S&P 500, der japanische Nikkei, der London FTSE oder auch weltweite ETFs, wie der MSCI World sind grundsätzlich alle erst einmal geeignet. Konkret hängt die Auswahl dann jedoch von der persönlich gewählten Anlagestrategie und Ihren Risikopräferenzen ab. Zumal es auch noch Unterschiede zwischen den ETF-Anbietern gibt und Sie dann im Detail schauen müssen, ob Ihr gerade ausgewählter Index auch *sparplanfähig* ist.

Anfänger wählen häufig eine Kombination aus *MSCI World* und *MSCI Emerging Markets,* womit sie vom Erfolg und Aufschwung von über 1.600 Titeln profitieren und mit den *Emerging Markets* darüber hinaus zusätzlich noch in aufstrebende Schwellenländer investieren, wo besonders hohe Renditen winken können. Diese zusammengenommen recht breite Abbildung des weltweiten Aktienmarktes gewährleistet Ihnen quasi international und in allen großen Branchen, investiert zu sein. Daher wird die Kombination häufig auch als *Weltportfolio* bezeichnet. Dazu erfahren Sie später mehr.

5.5 Buy-and-Hold-Ansatz und langfristiges Anlageziel

Sie haben sich dieses Buch gekauft, weil Sie sich für die Themen Geld, Sparen, Anlegen und Verdienen interessieren. Nun, es gibt gute Gründe, die dafür sprechen, dass Sie mit einem langen Atem und einer *langfristig orientieren Geldanlage* reich werden. Dabei spielt nicht einmal eine Rolle, ob Sie bei Ihrer Vermögensanlage auf aktive Fonds, Einzelaktien oder ETFs setzen. Wichtig ist, dass Sie nur Geld investieren, auf welches Sie in den nächsten Jahren nicht angewiesen sind und sich eine angestrebte Haltedauer von acht bis zwölf Jahren setzen. Das klingt erst einmal lang, gibt Ihrem Depot jedoch die Möglichkeit, sich auch nach Rücksetzern aus Krisenzeiten wieder zu erholen und gestärkt daraus hervorzugehen. Denn die Geschichte zeigte bisher immer: Nach jeder Krise kam wieder ein Aufstieg.

Buy and Hold interpretieren einige Anleger etwas strenger als andere. So sagt beispielsweise Warren Buffett, einer der begnadetsten Anleger unserer Zeit, er kauft Aktien, um sie nie wieder zu veräußern. Sie müssen jedoch nicht so denken, und ihre ETF-Titel halten, bis zum Sankt-Nimmerleins-Tag. Auch in diesem Ansatz ist es wichtig, regelmäßig die Zukunftsaussichten der Wirtschaft zu analysieren, zu bewerten und gegebenenfalls Rückschlüsse daraus zu ziehen, sein Kapital abzuziehen oder umzuschichten. Daher der Tipp, ab und an dennoch ins Depot zu schauen, damit Ihnen so etwas, wie den Telekomanlegern gar nicht erst selbst geschieht!

Es spricht also zunächst erst einmal nichts dagegen, ETFs mit dem Ziel zu kaufen, an der langfristigen, positiven Wirtschaftsentwicklung teilzuhaben. Wer sein Geld langfristig über einen Zeitraum von circa zehn Jahren anlegen kann, der ist in der Lage, sein Risiko zu minimieren und Rückschläge zu kompensieren. Anderenfalls kann es passieren, dass Sie Ihr Depot zu einem deutlich schlechteren Kurs auflösen müssen, nur, weil gerade der Kühlschrank kaputtgegangen ist oder eine Autoreparatur ansteht.

Ein weiterer Vorteil der langfristigen Anlage ist die exponentielle Entwicklung Ihres Depots durch den Zinseszinseffekt. Wenn Sie Ihre Gewinne also nicht abziehen, sondern gleich wieder reinvestieren, so beträgt Ihr tatsächlicher Vermögenszuwachs auf das Startkapital wesentlich mehr, als die durchschnittliche, jährliche Marktrendite. Der Zinseszinseffekt beschleunigt also langfristig betrachtet die Wertentwicklung des Investments.

Ein langfristiges Anlageziel ist darüber hinaus deutlich stressfreier und unkomplizierter. Einmal investiert ist nicht mehr viel neues Wissen notwendig. Im Vergleich zum ständigen Arbeitseinsatz beim Trading oder normalen Aktienkauf ist eine langfristige Investmentstrategie bequem neben der Arbeit und sonstigen Verpflichtungen zu bewerkstelligen.

Zuletzt darf auch der sich positiv auswirkende Steueraspekt einer langfristigen Geldanlage nicht unberücksichtigt bleiben. Denn mit jedem Verkauf werden *tatsächliche Gewinne oder Verluste* realisiert. Alles vorher sind reine Buchgewinne und Verluste und bis zu dem Moment eines Verkaufs reine Zahlenspielerei. Erst mit dem tatsächlichen Verkauf einer Gewinnposition fallen dann auch Steuern an. Diese Steuern, von aktuell 25 %, stehen Ihnen zur Wiederanlage also nicht mehr zur Verfügung.

Die Füße stillzuhalten und nicht bei jeder kleinen Kursbewegung zu verkaufen, lohnt sich in doppelter Hinsicht. Nicht ohne Grund heißt es: *Hin und her macht Taschen leer.* Neben den Steuern auf Gewinne müssen Sie, als Anleger, nämlich bei *jedem Kauf und Verkauf* Transaktionsgebühren, und zum Teil weitere *Kosten,* wie *Börsenentgelte, Handelsplatzgebühren, Orderzusätze* und *Ausgabeaufschläge* zahlen. Sie beginnen sicher zu verstehen, warum der Ausspruch einen wahren Kern hat. Werden hingegen jedes Jahr nur wenige Transaktionen durchgeführt, so ergeben sich pro Jahr ein bis drei Prozentpunkte, die eingespart werden können, und als Anlagekapital mehr zur Verfügung stehen. Auf lange Sicht macht das einen beachtlichen Unterschied.

6. Wie funktionieren ETFs?

Mit einer durchdachten Strategie kann sich heute jeder schnell ein eigenes Depot zusammenstellen, welches sich selbst managt und dabei die perfekte Mischung aus Aufwand, Gebühren und Rendite bietet. Mit nur wenigen Stunden Aufwand im Jahr, behalten Sie nicht nur Ihr Depot im Blick, sondern können in der Regel bei weniger als 0,5 Prozent Kosten jährlich eine langfristige Anlagestrategie verfolgen, und an den internationalen Finanzmärkten investieren.

Anders als bei Fonds, in denen ein Manager aktiv eine Aktien- oder Rohstoffauswahl trifft, und Aktien, in denen Sie die Auswahl eigenständig treffen, können Sie mit einem ETF nicht besser oder schlechter als der gesamte Marktdurchschnitt sein. Sie sind der Durchschnitt.

6.1 Thesaurierend

Wenn Sie einen ETF kaufen, in welchem Aktien enthalten sind, die eine Dividende auszahlen (Dividende = Beteiligung an Unternehmensgewinnen), dann gibt es zwei grundlegende Unterschiede der Ausschüttung.

Thesaurierende ETFs zahlen dabei die ausgeschütteten Dividenden nicht aus, sondern reinvestieren sie direkt wieder. Dadurch erhöhen sie den jeweiligen Anteilswert. Das durch den ETF-Anbieter sofort wieder angelegte Geld, kann somit direkt weiter für Ihre Ziele eingesetzt werden und beschleunigt Ihre Rendite. Der Vorteil dabei ist die Ausnutzung des Zinseszinseffektes. Ein Nachteil war bisher die steuerliche Ungleichbehandlung von ausländischen ETFs, bei denen zum einen das Geschäftsjahr nicht deckungsgleich mit dem deutschen Steuerjahr (Kalenderjahr) gewesen sein konnte. Zudem konnte es aufgrund der Quellensteuer vorkommen, dass Sie sich Ihre doppelt abgeführte Steuer erst wieder selbst zurückholen mussten.

6.2 Ausschüttend

Ausschüttende ETFs hingegen schütten die gesamte ausbezahlte Dividende direkt an Sie aus. Je nach ETF und Unternehmen kann das zwischen einem und vier Mal im Jahr der Fall sein. Der Vorteil dieser Variante ist darin zu sehen, dass ein regelmäßiger Rückfluss der Gewinne direkt auf Ihr Konto entsteht. Als deutscher Anleger wäre die Ausnutzung des Sparerpauschbetrags ratsam. Durch die Ausschüttungen können Sie Gewinne zeitlich verschieben und so von einer steuerlichen Ersparnis profitieren. Die Entscheidung, welche Variante Sie bevorzugen, ist also in erster Linie persönliche Geschmackssache.

6.3 Physische Replikation

ETFs haben das Ziel, einen Vergleichsindex, wie den DAX möglichst genau abzubilden. Dafür gibt es verschiedene Möglichkeiten. Bei der physischen Replikation werden die Werte, welche im Index auch tatsächlich enthalten sind, vom ETF-Anbieter auch wirklich einszueins in der richtigen Anzahl gekauft. Am Beispiel des deutschen Aktienindex bedeutet das, dass der Anbieter Anteile an allen dreißig Unternehmen, die im DAX vertreten sind, kauft. Größere Unternehmen werden dabei ebenso stärker gewichtet, wie kleinere Unternehmen schwächer repräsentiert werden.

Würde sich nun einmal die Zusammensetzung des DAX ändern, weil eine Aktie in den kleineren MDAX absteigt und daraus eine Aktie in den DAX aufsteigt, so wird auch der ETF entsprechende Anteile verkaufen beziehungsweise zukaufen, um den Index nahezu genau weiter darzustellen. Dieses Vorgehen wird in der Fachsprache auch als *Full-Replication-Method* bezeichnet, weil alle im Index enthaltenen Unternehmen, auch im richtigen Verhältnis vom Anbieter gekauft werden.

6.4 Sampling-Methode

Im Gegensatz zur *Full-Replication,* werden beim sogenannten *Sampling* nicht alle Werte des Index gekauft. Gerade bei sehr großen Indizes, wie etwa dem *MSCI World* mit über 1.600 Unternehmen, ist es nicht mehr möglich, alle Unternehmen in der korrekten Anzahl zu kaufen. Einerseits wäre es mit einem nicht zu stemmenden Aufwand verbunden, zum anderen sind einzelne Unternehmen gar nicht handelbar.

Deswegen werden einige große Indizes über die *Sampling*-Methode nachgebildet. Der ETF-Anbieter kauft lediglich die größten Unternehmen, welche vergleichsweise viel zum Index beitragen. Diese Unternehmen verursachen die meiste Bewegung im Index, wodurch sie stellvertretend den gesamten Index repräsentieren. Bei dieser Methode wird also versucht, so effektiv wie möglich, zwischen Aufwand (Kosten) und Genauigkeit der Nachbildung (Tracking- Error) zu agieren.

6.5 Synthetische Replikation

Bei der *synthetischen Replikation* schließlich hält der ETF selbst gar nicht die im Index enthaltenen Aktien und Werte, sondern mitunter *ganz andere*, weil deren Erwerb eventuell für den Anbieter günstiger ist. Dennoch bildet der ETF die Performance des zugrunde liegenden Index ab, und zwar über sogenannte Swapgeschäfte.

Ein Swappartner (etwa eine Bank oder eine Vermögensverwaltung) verpflichtet sich, als Partner die entsprechende Performance des Index und aller Dividendenzahlungen bereitzustellen. Die Lieferung der *korrekten* Rendite ist somit vereinbart. Dadurch sind synthetisch replizierende Fonds in der Regel genauer in ihrer Nachbildung.

Für den ETF-Anbieter wird es ein lohnendes Geschäft, sowie er mit den Transaktionsgebühren für die Nachbildung mehr einnimmt, als er für die Swapgebühren an seinen Partner zahlen muss. Das Risiko hierbei ist die mögliche Pleite des Swappartners. Daher ist der ETF-Anbieter dazu verpflichtet, die Höhe der Einlagen durch zusätzliche Sicherheiten zu gewährleisten. Da es aber bisher noch keinen Fall gab, in dem Swappartner komplett zahlungsunfähig wurden, bleibt die Wahl der Replizierungsmethode Ihrer Präferenz und Ihrem Vertrauen an die Partner überlassen.

6.6 Rebalancing

Rebalancing ist etwas, was einige Anleger betreiben, um ihre eigens erdachten Regeln und Strategien so genau wie möglich einzuhalten. Dabei stellen sie eine einmalig festgelegte Aufteilung auf unterschiedliche Regionen und Unternehmen langfristig immer wieder in Ihrem Depot her.

7. Was sind die Vorteile von ETFs?

Sie wollen sich nicht weiter kümmern, Ihre Geldanlage aus unterschiedlichen Gründen jedoch auch nicht in fremde Hände legen? Das schließt sich im Grunde aus, da Sie entweder nicht wissen, was Sie tun oder niemanden haben, der es weiß. Sind Sie aber bereit, wenigstens die Rahmendaten, wie zum Beispiel Ihre Risikobereitschaft zu bestimmen, und fundamentales Basiswissen zu erlernen, so ermöglicht Ihnen die Investition in ETFs zahlreiche Freiheiten und eigenen Entscheidungsspielraum. Hier lesen Sie nun, welche genauen Vorteile ETFs haben.

7.1 Geringes Fachwissen und wenig Zeit erforderlich

Diese Art der Anlage hat große Vorteile. Sie sparen einerseits eine Menge Zeit für den Aufbau von Wissen und andererseits, ebenso später, bei der Auswahl geeigneter Unternehmen. Anders als beim Kauf von einzelnen Aktien benötigen Sie kaum Expertise und müssen in der Regel nicht einmal die Geschäftsberichte und Konzepte aller im ETF enthaltenen Unternehmen genau kennen.

7.2 Automatisch

Nach dem Einrichten eines Sparplanes erfolgt die Geldanlage automatisch und regelmäßig, wie auf Autopilot. Sie können sich zurücklegen, müssen keine Börsennachrichten verfolgen, keine Geschäftsberichte studieren und vertrauen auf das langfristige

Wachstum der Weltwirtschaft. Es reicht aus, Ihr Depot ein- bis zweimal im Jahr zu überprüfen, eventuell die Gewichtung der einzelnen ETFs zu verschieben oder wiederherzustellen, und im Bestfall neue Sicherungspunkte (sogenannte *Stop Loss*) zu setzen, bei denen ein automatischer Verkauf stattfindet. So laufen Sie nicht Gefahr, einmal erzielte Gewinne wieder zu verlieren.

7.3 Schon mit sehr geringem Anlagebetrag möglich

Bei einem Aktienkauf belaufen sich die *Mindestgebühren* für *einen* Kauf und späteren Verkauf auf je etwa 12,50 Euro (eher mehr, aber von Depotbank zu Depotbank verschieden). Das bedeutet, selbst, wenn Sie eine Aktie für 500 Euro kaufen, so haben Sie bereits 5 Prozent allein an Gebühren gezahlt, die Ihre Aktie nun erst einmal wieder verdienen muss. Bei einer jährlichen Durchschnittsrendite des DAX von sieben bis acht Prozent wissen Sie, wie schwer es ist, das überhaupt zu schaffen. Im Bestfall sind Ihre Kosten daher unter einem Prozent. Doch selbst bei einer Anlagesumme von 1.000 Euro hätten Sie so Kosten für Kauf und Verkauf von mindestens 25 Euro, was 2,5 Prozent entspricht.

ETF-Sparpläne hingegen erfordern kein Kapital von 1.000 Euro und mehr. Bereits ab kleinen Summen *von lediglich 25 Euro* ist es Ihnen möglich, eine Anlagestrategie zu verfolgen und regelmäßig in einen ETF-Sparplan zu investieren. Dabei sind Sie genauso an Dividenden beteiligt, als würden Sie die zugrunde liegende Aktie direkt selbst kaufen.

7.4 Geringe Kosten

Der Kauf eines ETFs ist in der Regel mit sehr überschaubaren Kosten verbunden. Im Gegensatz zu großen, aktiv gemanagten Investmentfonds fallen sowohl beim Kauf eines ETFs als auch beim Management dieses ETFs sehr viel geringere Kosten an. Während die aktiven Fonds Kosten in Höhe von bis zu 5 Prozent pro Jahr produzieren, liegen sie bei ETFs in der Regel deutlich unter 0,5 Prozent. Eine Managementgebühr von 2 bis 5 Prozent, wie bei aktiven Fonds, gibt es in dem Sinne nicht, da es auch keine aktiven Manager gibt. Alles wird computergesteuert durchgeführt und für die genaue Abbildung des Indizes zahlen Anleger in der Regel lediglich 0,15 bis 0,3 Prozent jährliche Gebühren.

Darüber hinaus erheben viele Banken zusätzliche Ausgabeaufschläge für Fonds von weiteren 2,5 - 5 Prozent. Auch diese Kosten fallen beim Kauf eines ETFs in der Regel nicht an. Denn neben den laufenden jährlichen Kosten können selbst die Transaktionsgebühren deutlich niedriger gehalten werden, da viele Depotbanken Partnerschaften mit den ETF-Anbietern eingehen.

Im Sparplan bieten viele Banken vergünstigte oder gar kostenlose Kaufausführung an. Im Vergleich zu den oben genannten Gebühren ist das schon ein gehöriger Unterschied. Gerade bei geringen Anlagesummen ist es wichtig, auf die Höhe der Kosten zu achten, damit die Gewinne nicht von den Kosten wieder aufgefressen werden. Auch, wenn diese laufenden Kosten im ersten Moment sehr klein erscheinen, könnten sie aber negativ ins Gewicht fallen. Dazu jedoch später unter den Nachteilen im Kapitel *Kosten* mehr.

7.5 Breite Risikostreuung

Durch den Kauf von ETFs sind Sie mit Ihrem Portfolio bereits gut und breit diversifiziert und haben von Anfang an eine gewisse Risikostreuung, da Sie sich nicht nur auf einige wenige Unternehmen, sondern eine große Anzahl von Aktien verlassen können. Schon Warren Buffett wusste, *nie alle Eier in einen Korb zu legen*. Das bedeutet, dass Sie im Bestfall in so viele Werte wie möglich investieren sollten, um damit auch die Chance eines Profits zu haben, wenn in einem Sektor tatsächlich besonders die Post abgeht. Doch welche Aktien, welche Branchen, welche Sektoren sollten Sie kaufen?

Es gibt riesige, weltweit agierende Unternehmen, mit Produkten die weniger ausgeprägten Nachfrageschwankungen unterliegen (zum Beispiel Nahrungsmittelkonzerne oder Unternehmen mit Produkten des täglichen Bedarfs) und es gibt Unternehmen, die hoch riskante *Alles-oder-Nichts*-Geschäfte tätigen. Logischerweise ist sowohl das Risiko, wie auch die Renditemöglichkeit im zweiten Fall deutlich höher als im Ersten. Wer sich hier nicht auskennt und nicht weiß, in welche Unternehmen oder Unternehmensarten er investieren soll, der kann bei einer falschen Entscheidung innerhalb weniger Monate sein gesamtes Kapital verlieren. Durch den Kauf eines ETFs ist Ihre Auswahl der Unternehmen nicht mehr subjektiv und von Ihren eigenen Maßstäben in Hinblick auf Bewertung, Qualität, Risiko oder Preis abhängig. Mit ETFs, welchen ein ganzer Index zugrunde liegt, verteilen Sie Ihr Risiko immer auf eine Vielzahl an unterschiedlichsten Aktien und nicht nur auf wenige ausgewählte Unternehmen.

Außerdem gibt es den sogenannten *Home Bias (beziehungsweise Equity Home Bias Puzzle)*. Der Begriff bezeichnet eine Heimatmarktneigung beziehungsweise die Tendenz, dass Investoren ihre Geldanlagen häufig verstärkt auf ihrem Heimatmarkt anlegen. Amerikaner also vorrangig in amerikanische Firmen, Deutsche investieren lieber in deutsche Unternehmen. Studien haben jedoch gezeigt, dass es sich langfristig auszahlt, nicht zu regional und national, sondern global zu streuen. Mit ETFs haben Sie genau das passende Produkt dafür. Sie haben so die Möglichkeit nicht nur in einzelne Länder oder Branchen zu investieren, sondern sind an der Wertentwicklung ganzer Regionen beteiligt (zum Beispiel *Developed Markets* und *Emerging Markets*).

7.6 Automatisch und passiv investieren

Ein ETF-Sparplan ist eine der besten Formen der Anlage für Börsenanfänger. Sie können sich ohne viel Wissen und mit überschaubarem Risiko am Aktienmarkt beteiligen. Mit einem Sparplan haben Sie die Möglichkeit, jeden Monat Beträge völlig automatisch und ohne Ihren zeitlichen Einsatz zu investieren, womit Sie langfristig ein stetig anwachsendes Vermögen aufbauen. Dadurch, dass das Sparen als Dauerauftrag von Ihrem Girokonto monatlich oder vierteljährlich ganz automatisch eingezogen wird, kommen Sie nicht in die Versuchung, das Geld anderweitig auszugeben und sind damit quasi zum Sparen verdammt.

7.7 Emotionslos investieren

Ein weiterer entscheidender Vorteil eines ETF-Sparplans ist, dass Ihre Emotionen kontrolliert werden, beziehungsweise erst gar keine Rolle spielen. Auch die rationalsten Anleger handeln am Aktienmarkt nicht ohne Emotionen und so kann es immer wieder einmal vorkommen, dass diese gegen ihre Handelsregeln oder Grundsätze verstoßen. Wenn Sie jedoch einen automatisierten Sparplan eingerichtet haben, so sind Sparrate und Intervall fest definiert und losgelöst von Ihren Emotionen. Egal, wie der Kurs gerade steht, Ihre Emotionen bleiben außen vor und die entsprechende Anzahl an Fondsanteilen wird gekauft und ins Depot gelegt.

Sparen Sie dagegen manuell, so werden sich immer wieder Gründe finden lassen, mit dem Kauf doch noch zu warten, da der ideale Zeitpunkt noch nicht erreicht ist. Das Problem dabei: Sie wissen vorher nie, wann dieser ist. Und startet der Kurs nun ohne Sie durch, laufen Sie wieder hinterher und kaufen am Ende noch teurer. Die Automatisierung spart Ihnen also Zeit und Stress.

Ein nicht zu unterschätzender Effekt, wenn man bedenkt, wie viele Anleger eine aus dem Bauch heraus getroffene Entscheidung später wieder bereut haben. Sie hingegen stehen sich durch Ihren eigens auferlegten Sparzwang nicht selbst im Weg. Auch stellt sich die Frage nach dem richtigen Zeitpunkt gar nicht erst, denn Sie sparen stur nach Vorgabe. Auch können Sie Sparraten durch die diese Regelmäßigkeit nicht *vergessen,* auch wenn in Ihrem Leben gerade wieder wichtigere Dinge Vorrang haben. Wenn an der Börse eine Rallye beginnt, so sind Sie dabei!

7.8 Durchschnittskosteneffekt

Durch Ihre regelmäßigen Sparraten ergibt sich ein weiterer Effekt, der für Ihre Geldanlage von Vorteil ist: Wie eben besprochen, können Sie den richtigen Einstiegszeitpunkt nie perfekt *timen.* Das müssen Sie nun auch nicht. Durch ihre monatliche Sparrate ergibt sich auf das Jahr gerechnet ein Durchschnittskostenpreis: der sogenannte *Cost-Average-Effect*.

In der Theorie wäre es am sinnvollsten, alles Geld auf einmal zu investieren. Denn nur investiertes Geld kann Ihnen auch Gewinne erwirtschaften. In der Praxis ist diese Vorgehensweise jedoch nur schwer umsetzbar, da Sie natürlich auch noch Ihren Lebensunterhalt bestreiten müssen, schnell verfügbare Rücklagen bilden und auch Geld für Urlaube und unvorhergesehene Ausgaben zur Verfügung haben sollten.

Wer alles auf einmal investiert, und kurz darauf arbeiten alle Märkte gegen ihn, der wird wohl die eine oder andere schlaflose Nacht verbringen. Es ist also nicht die schlechteste Idee, den Durchschnittskosteneffekt für sich zu nutzen, größere Anlagebeträge gesplittet zu investieren und dadurch auf Kursschwankungen gelassener reagieren zu können.

7.9 Renditeaussichten

Die Zielrendite Ihrer ETFs ist nie schlechter als die des zugrunde liegenden Marktes. Damit ist beispielsweise der DAX in Deutschland oder der S&P 500 in Amerika gemeint. Sogar die meisten aktiv gemanagten Investmentfonds scheitern daran, besser als der Vergleichsindex zu sein, da die hohe Kosten- und Gebührenstruktur die Gewinne mehr als aufzehrt. Da die Kosten bei einem ETF viel weniger ins Gewicht fallen, ist Ihre Rendite nahezu identisch, wie die des zugrunde liegenden Index des ETFs. Sie schneiden somit zwar nie besser als der Gesamtmarkt ab, aber auch nicht schlechter.

7.10 Hohe Flexibilität

ETF-Sparpläne bieten darüber hinaus eine hohe Flexibilität. Sie lassen sich ideal an Ihre eigene finanzielle Situation anpassen. Sie selbst können jederzeit die Sparrate erhöhen, verringern oder ganz einstellen. Des Weiteren können Sie Ihre ETFs genau wie Aktien zügig verkaufen, falls Sie auf das Geld doch einmal dringend angewiesen sein sollten. Auch zeitlich sind ETFs flexibel an Ihre Bedürfnisse anpassbar. So können Sie beispielsweise je nach Gehaltseingang verschiedene Daten zur Ausführung eingeben und aus einem breiten Pool an ETF-Angeboten wählen (eine gute Übersicht bietet beispielsweise die Website www.justetf.com).

8. Was sind die Nachteile von ETFs?

Natürlich sind ETFs spekulative Finanzprodukte, die von der Wertentwicklung der Unternehmen abhängig sind, Marktschwankungen unterliegen und auch weitere Nachteile mit sich bringen. Börsenkurse sind keine Einbahnstraße und so gehen auch mit ETFs einige Risiken einher. Das sollte Ihnen jedoch klar sein, denn jeder Chance steht auch immer ein Risiko gegenüber. Damit Sie Ihre Risiken sorgfältig abwägen und womöglich auch reduzieren können, erfahren Sie in diesem Kapitel nun genau, welche Nachteile mit ETFs einhergehen.

8.1 Zielrendite nie besser als der Markt

Durch die Fokussierung auf ETFs, in denen viele Aktien enthalten sind, nähert sich Ihre Renditeerwartung weiter dem Durchschnitt an. Daher können Sie, anders als bei der Auswahl von Einzelaktien, weder deutlich besser, aber auch nicht deutlich schlechter als der Durchschnitt abschneiden. Die durchschnittliche Jahresrendite des DAX der letzten 15 Jahre beträgt 9,3 Prozent. Vielen Anlegern reicht diese Rendite bei überschaubarem Risiko am Aktienmarkt vollkommen aus. Durch eine gezielte Auswahl von einzelnen Unternehmen oder Regionen (*Stock picking)* sowie der Abpassung des richtigen Kaufzeitpunktes (*Markettiming*) könnten erfahrene Anleger langfristig durchaus eine höhere Rendite erreichen. Die Statistik arbeitet in diesem Punkt jedoch gegen die Mehrheit der Anleger. Während viele Anleger *glauben*, bessere Anlageentscheidungen als der Gesamtmarkt zu treffen, belegen viele Studien jedoch das Gegenteil. Selbst Profis und Fondsmanager sind nicht in der Lage, langfristig eine Rendite über der des üblichen Marktniveaus zu erzielen.

8.2 Kosten

Während Aktien lediglich Kosten beim Kauf und Verkauf verursachen und keine monatlichen beziehungsweise jährlichen Gebühren, sehen es manche Anleger und Experten als Nachteil an, dass ETFs regelmäßige laufende Verwaltungskosten von etwa 0,5 % pro Jahr verursachen. Diese liegen zwar deutlich unter den Kosten für aktive Fonds, fallen aber gerade bei größeren Anlagezeiträumen und Beträgen höher ins Gewicht, als die einmaligen Kauf- und Verkaufsgebühren bei Aktien (welche bei einigen ETFs zusätzlich noch zu zahlen sind).

8.3 Persönliches Engagement

Einige Anleger bemängeln darüber hinaus, dass ETFs zwar ein gut geeignetes Einstiegsprodukt sind, der Privatanleger jedoch mangelndes Engagement erkennen lässt und wenig Ahnung von der Materie hat. Weder hat er eine entsprechende Strategie, noch ist er mit Freude oder geschweige denn Begeisterung gezielt an der Wertentwicklung der Unternehmen interessiert. Auch fehlt es vielen Privatanlegern an Fachwissen zur ETF- beziehungsweise Indexauswahl, wodurch die Mehrheit der Anleger laut Analysten gerade in schwierigen Zeiten zum Scheitern verurteilt ist.

Es ist nicht gar nicht notwendig, täglich mehrmals die aktuellen Kurse und Charts zu verfolgen. Um Kaufentscheidungen zu treffen, ist jedoch schon ein gewisses persönliches Engagement und persönlicher

Arbeits- sowie Zeiteinsatz von Vorteil. Sonst überlassen Sie die Investition in Finanzprodukte besser den Profis.

8.4 Tracking-Error

Im Gegensatz zu Aktien, deren Kursverlauf wirklich eins zu eins im Depot und an der Börse abgeglichen werden kann, kann es bei ETFs zum sogenannten Tracking-Error oder Tracking-Difference kommen. Je ungenauer ein ETF seinen Zielindex abbildet, umso größer ist dieser Wert. Wenn sich der Index besser entwickelt, als Ihr ETF ausweist, so gehen Ihnen wichtige Prozente verloren, die sich über die Länge des Anlagezeitraums zu gewaltigen Summen addieren können. Wie bereits im Kapitel *Tracking-Difference* angesprochen, suchen Sie sich ETFs aus, welche einen Tracking-Error so gering wie möglich haben.

8.5 Hype und Heilsbringer - oder Sorgenkind und Hiobsbote?

ETFs sind mittlerweile in aller Munde und unter Börsianern geht der Spruch um: *„Wenn es erst in der Bild-Zeitung steht, so ist es allerhöchste Zeit, um auszusteigen."* Ganz so schlimm ist es mit ETFs bisher noch nicht. Durch ihre steigende Popularität werden jedoch auch immer mehr Banken und Fondsgesellschaften aufmerksam, die sich sonst ein lukratives Geschäft entgehen lassen, wenn ihre Kunden Finanzprodukte direkt an der Börse und nicht bei ihnen kaufen. Daher erfinden deren hoch bezahlte Ideen- und Impulsgeber immer neue Obskuritäten, wie gehebelte Long-ETFs, Multi-Asset-ETFs, Smart Beta-ETFs oder Short-ETFs auf Strategieindizes, um ein schlichtes Produkt weiter zu verkomplizieren. Diese Produkte entsprechen in keiner Weise mehr der ursprünglichen Idee der passiven Investmentstrategie. Banken nutzen solche Konstrukte, um ihre Margen wieder zu vergrößern und im Windschatten des ETF-Hypes Privatanlegern mit *größeren Renditen bei gleichzeitig geringerem Risiko* zu locken. Vieles davon ist schlichtweg gelogen.

Ähnliches passierte auch um das Jahr 2007/2008, kurz bevor der große Börsencrash stattfand. Ein großer Zertifikateboom ging durch die Büros und Wohnzimmer der Anleger und am Ende verstand keiner mehr so genau, was er da kaufte und wofür er bezahlte. Zahlungsströme und Bonitäten wurden verschleiert und die Ratingagenturen ließen sich bei ihren Werturteilen beeinflussen und bestechen.

Der Hype um ETFs nimmt ähnliche Züge an und die Entwicklung sollte Anleger zumindest nachdenklich stimmen. Wer mit dem Gedanken spielt, sein hart verdientes Geld in Finanzprodukte, wie ETFs zu investieren, der darf sich dabei nicht nur blenden lassen und Eigenschaften, wie Größe, Alter und Namhaftigkeit des Emittenten (Herausgebers) überprüfen. Wer wirklich sichergehen will, der sollte dringend auch dessen Bonität überprüfen, um von vornherein größerem Ärger aus dem Weg zu gehen. Eine solche Überprüfung lässt sich ebenfalls auf justetf.com vornehmen.

9. Was sollten Sie bei der ETF-Auswahl beachten?

Wie deutlich wurde, sind ETFs kein Hexenwerk. Dennoch gibt es einige Dinge bei der ETF-Auswahl zu beachten. Was genau, das erfahren Sie hier.

9.1 Kosten

Sie wissen bereits, dass die Kosten beim ETF-Kauf im Vergleich mit anderen Finanzprodukten relativ gering sind. Dennoch ist jeder Prozentpunkt, den Sie sparen können, bares Geld für Sie und Ihre Anlage. Banken verdienen dabei immer. Wenn Sie allerdings aufgrund einer passiven Anlagestrategie nur wenig handeln, verdient Ihre Bank auch entsprechend weniger. Und wenn Sie sich dann noch auf ETFs beschränken, anstelle von aktiven Fonds mit hohen Gebühren von 2 bis 5 Prozent, bleibt am Ende mehr Gewinn für Sie übrig. Achten Sie daher bei ETFs auf Gebühren (meist als *TER* angegeben, = *Total Expense Ration*) von weniger als 0,5 Prozent.

Unter Umständen kann es auch zwischen den einzelnen ETFs große Kostenunterschiede geben. Beachten Sie bei der Auswahl Ihrer ETFs daher folgende drei Kernkostenpunktkriterien:

9.1.1 Total Expense Ratio (TER)

Die TER oder auch Gesamtkostenquote genannt, stellt die laufenden, jährlichen Verwaltungskosten Ihres ETFs dar und gibt Ausschluss darüber, welche regelmäßigen Kosten nach dem Kauf weiterhin anfallen. Die TER setzt sich unter anderem aus der Bereitstellung der Kurse, der Verwaltung, der Regulierung, Anwaltskosten und vielen weiteren Punkten zusammen. Diese Kosten müssen Sie nicht extra entrichten, sondern diese werden mit Kauf direkt vom Wert des ETFs abgezogen.

Obwohl der Begriff *Gesamtkostenquote* die Vermutung nahelegt, dass hier bereits *alle* Kosten enthalten sind, ist dem nicht so. Weitere interne Handelskosten, wie Kauf- und Verkaufsgebühren sind ebenso noch zu entrichten, wie eventuelle Kosten für Swapgeschäfte. Je nach Replikationsmethode können also durchaus noch erhebliche weitere Kosten auf Sie zukommen.

9.1.2 Tracking-Difference (TD)

Die Tracking-Difference gibt an, wie genau der ETF mit seiner Performance den Zielindex abbildet. Wenn der DAX beispielsweise in einem Jahr um 10 Prozent steigt, so müsste der entsprechende ETF ebenfalls um 10 Prozentpunkte zulegen. Tut er das nicht und weist nur einen Gewinn von 9,5 Prozent aus, so ergibt sich eine Differenz von 0,5 Prozent. Das wäre dann die Tracking-Difference. Das Ziel einer ETF-Anlage ist es, den Index *möglichst genau* nachzubilden. Die Differenz zählt also tatsächlich auch zu den Kosten. Die TD ist häufig nicht standardisiert angegeben. Legen Sie daher am besten einen Vergleichschart mit ETF und Index übereinander und betrachten Sie einen Zeitraum über mehrere Jahre. Dabei sollten so geringe Abweichungen wie möglich zu erkennen sein.

9.1.3 Persönliche Kosten

Auch Ihre persönlichen Kosten sind nicht außer Acht zu lassen. Es gibt immer noch Depotbanken, die allein für die Verwaltung Depotgebühren verlangen. Zwar können bei vielen bekannten Banken zahlreiche Anbieter mittlerweile schon kostenlos bespart werden, jedoch längst nicht alle.

9.2 Produkt- und Indexauswahl

Neben den Kosten ist es wichtig, auf die richtige Produktauswahl zu achten. Neben Aktien-ETFs gibt es noch eine Vielzahl weiterer ETFs, wie zum Beispiel auf Anleihen und Rohstoffe. Da ein ETF immer einen bestimmten Markt, dargestellt durch den zugrunde liegenden Index, abbildet, ist die Auswahl des entsprechenden Indexes von entscheidender Bedeutung. Denn mit der Wahl des Indexes ergibt sich später auch die Rendite.

Dabei gibt es für fast jede Strategie den passenden Index. Eine häufige Strategie ist, die gesamte Welt mit einem oder zwei ETFs abzudecken. Als Standard hat sich hier der *MSCI World* in Kombination mit dem *MSCI Emerging Markets* herauskristallisiert. Diese Kombination bildet für viele Anleger aufgrund ihrer Einfachheit und trotzdem weitreichenden Abdeckung die Basis für ihre ETF-Depots.

Jemand, der sich lieber gezielt auf eine einzelne Region beschränken will (zum Beispiel *MSCI North America, Stoxx Europe, usw.*) kann seine Handelsstrategie noch genauer ausrichten, indem er sich nur auf einzelne Länder oder Rohstoffe festlegt (wie etwa der *S&P 500* (USA) oder der *DAX (*Deutschland)).

Zu guter Letzt gibt es auch noch die unterschiedlichsten Branchenindizes, in denen Unternehmen aus gleichen Bereichen zusammengefasst werden (zum Beispiel die Goldminen-, Automobil-, Einzelhandels-, Banken-, Konsumgüter-, Energie-, Gesundheits-, Finanz- oder Tech-Branche). Als Ausgangspunkt steht also Ihre Strategie, nach der Sie verschiedene Indizes auswählen können.

Wichtig ist, bei der Auswahl darauf zu achten, dass es sich um einen namhaften und transparenten Index handelt. Wie bereits erwähnt, denken sich Banken heutzutage zu gern neuartige ETF-Konstrukte aus, nur um etwas zu verkaufen.

9.3 Größe und Volumen

Mitunter kann es selten vorkommen, dass ein ETF eingestellt wird. Das ist einerseits recht ärgerlich, da es immer mit dem Umstellen der Sparpläne verbunden ist und zum Teil eine Strategieänderung zur Folge hat. Zum anderen kann sie jedoch auch reichlich Geld kosten, wenn Ihr ETF deutlich im Gewinn plötzlich ohne Ihr Zutun *abgewickelt* wird. Schlagartig müssen Sie alle anfallenden Gewinne versteuern und Ihr gut geplanter Steuerstundungseffekt geht verloren.

Ausschlaggebend für die Größe des ETFs ist dabei das verwaltete Vermögen (*Volumen*). Ein großer ETF verwaltet dabei mindestens 500 Millionen Dollar und mehr. Auch, wenn es keine einhundertprozentige Sicherheit gibt, so ist es ratsam, diesen Wert im Auge zu behalten und auf eine große Fondsgröße zu achten. Dadurch, dass vor Ihnen schon viele andere Anleger ihr Geld investiert haben, lässt sich das Risiko wenigstens ein bisschen einschätzbarer gestalten.

9.4 Anbieter

Im ETF-Bereich gibt es neben vielen kleinen Anbietern auch eine Handvoll großer und bekannter Anbieter am Markt. Bereits nach kurzer Suche nach ETFs wird Ihnen auffallen, dass einige Fondsanbieter immer wieder gehäuft auftreten. Diese sind in der Regel schon wesentlich länger im Geschäft, verwalten große Summen und wirtschaften solide. Die Wahrscheinlichkeit, dass diese ETF-Anbieter ihr Geschäft in absehbarer Zukunft aufspalten oder einstellen, ist bei den Großen der Branche deutlich geringer als bei den kleineren Nischenanbietern. Vertrauen Sie als Anfänger daher eher auf bekannte Namen, welche ein großes Fondsvermögen verwalten.

9.5 Alter

Wenn Ihnen diese Anhaltspunkte noch nicht genügen, dann schauen Sie bei Ihrer ETF-Auswahl auf das Alter des ETFs. Konnte dieser nun schon länger als mindestens 5 Jahre am Markt bestehen, so sollte er sich etabliert haben und Sie können Ihr Risiko vernünftiger kalkulieren.

10. Worauf sollten Sie bei der richtigen Brokerwahl achten?

Die Wahl des richtigen Brokers bringt einige Fallstricke mit sich, ist jedoch auch keine Raketenwissenschaft. Erfahren Sie in diesem Kapitel, wofür Sie einen Broker benötigen und wie Sie direkt anfangen können.

10.1 Wofür benötigen Sie ein Depot?

Wenn Sie ETFs und Aktien kaufen wollen, so müssen Sie das an der Börse tun. Ihre ETFs und Wertpapiere müssen irgendwo eingebucht werden und dafür benötigen Sie ein Depot. Dies ist nichts anderes als eine persönliche Sammel- und Verwahrstelle, genauso wie Ihr Girokonto dies für Ihre Geldeingänge und Gehaltszahlungen ist. Aktien werden heutzutage nicht mehr auf Papier ausgegeben, sondern existieren nur noch digital. Ohne Onlinezugang geht nichts mehr. Grundsätzlich wäre es noch möglich, Wertpapiergeschäfte offline oder über Telefon abzuwickeln.

Stressfreier, günstiger, schneller und deutlich besser ist es aber, Ihre Geschäfte online zu erledigen. Ihr Depotanbieter stellt dabei die Schnittstelle für Kauf- und Verkaufsaufträge dar. Die Abwicklung der Geschäfte übernimmt dann beispielsweise Ihre Hausbank. Ihr Depot müssen Sie also nicht zwangsläufig bei Ihrer Hausbank haben.

Sogenannte Direktbanken (existieren meist ausschließlich online) rufen ganz andere Gebührenstrukturen auf, da diese keine Filialen und

Präsenzmitarbeiter unterhalten müssen. Häufig sind Direktbanken dabei auch Tochtergesellschaften traditioneller Banken, welche sich speziell auf den Onlinebereich und die Depotabwicklung spezialisiert haben.

10.2 Entscheidung treffen

Den perfekten Broker gibt es nicht und bisher ist noch kein Privatanleger an den Gebühren zu Grunde gegangen. Daher lautet die Devise: Fangen Sie besser gleich an! Die Wahl des Brokers ist nicht kriegsentscheidend. Auf dem Markt gibt es einige große *Standard-Broker*, die sich in ihrem Leistungsumfang nicht sonderlich unterscheiden. Keiner ist so schlecht, dass Sie tunlichst die Finger von ihm lassen sollten. Also: Anfangen und investieren, anstatt Ausreden zu suchen und grundlos eine Wissenschaft daraus zu machen. Ihre Entscheidung ist nicht dauerhaft und ein Wechsel des Anbieters ist jederzeit problemlos möglich, wird sogar mitunter durch Neukundenangebote unterstützt. Lediglich in der Phase des Wechsels können Sie etwa zwei Wochen keine Käufe und Verkäufe tätigen. Dafür entlohnen einige Anbieter den Umzug mit großzügigen Wechselprämien.

Am Ende des Tages ist die Wahl des Brokers also tatsächlich nebensächlich. Viel wichtiger ist, dass Sie überhaupt ins Tun kommen und anfangen, sich aktiv mit Ihrem Vermögensaufbau und der damit verbundenen Vorsorge für das Alter zu beschäftigen. Eine mäßige Rendite ist immer noch besser, als das Geld auf dem Girokonto schmoren und von der Inflation auffressen zu lassen.

10.3 Gebühren

Worin sich einige Anbieter unterscheiden, sind neben ihrem unterschiedlichen Service auch die Gebühren. Als zukünftiger ETF-Anleger sind Sie, was die Gebührenlast angeht, schon mal auf einem hervorragenden Weg. Dennoch lassen sich hier noch einige Kosten und Prozente sparen beziehungsweise reduzieren.

10.3.1 Depotführungsgebühr

Als Erstes sind die Kosten der Depotführung zu benennen. Viele Depot-Onlinebanken werben mittlerweile mit einem Modell, welches keine Grundgebühr mehr verlangt. Bei anderen Banken entfällt die Grundgebühr ab einem bestimmten Depotvolumen (zum Beispiel ab 5.000 oder 10.000 Euro). Egal, ob nun kleinere Depotbestände oder doch schon größere Depotvolumina, laufende Kosten in Form einer Grundgebühr sollten Sie vermeiden.

10.3.2 Transaktionsgebühr

Die Transaktionsgebühr wird bei jedem Kauf oder Verkauf fällig. Häufig gibt es hier sowohl Mindest- als auch Höchstbeträge (in der Regel mindestens 9,95 Euro). Zusätzlich wird außerdem ein variabler Betrag (meist mindestens 0,25 Prozent) erhoben, der abhängig von der Transaktionshöhe ist. Aktuell setzt sich verstärkt ein Modell durch, welches keine vom Betrag abhängigen Gebühren mehr erhebt, sondern seine Kosten allein über einen fixen Betrag deckt. Für den Sparer hat das den Vorteil, dass die Gebühr auch bei höheren Transaktionsvolumina gleich bleibt. Beachten sollten Sie noch, dass die *Transaktionsgebühr* zweimal, also je einmal beim Kauf und später erneut beim Verkauf anfällt. Weiterhin erheben die Börsen (in Deutschland sind es in der Regel die *Börse Frankfurt* und die *Börse* Stuttgart) auch noch eigene Handelsplatzentgelte, die der Broker an Sie als Endkunden weiterreicht.

10.4 Kostenlose Sparplanangebote

Kosten für einmalige Transaktionen können Sie vermeiden, indem Sie die Möglichkeit eines Sparplans nutzen. Achten Sie bei Ihrem Depot-Broker darauf, mit welchen ETF-Anbietern er zusammenarbeitet und wo Sie die für sich besten Preisrabatte bekommen. Suchen Sie bestimmte ETFs, dann sollten Sie bei Ihrer Wahl des richtigen Brokers darauf achten, dass dieser eben auch genau diese ETFs anbietet und Sie diese im Bestfall über einen kostenlosen Sparplan erwerben können.

10.5 Service

Neben den aufgeführten Anforderungen ist für viele Anleger ein freundlicher Ansprech- und Servicepartner wichtig. Zwar haben Sie bei den Direktbanken keine Möglichkeit vor Ort einen Mitarbeiter aufzusuchen, jedoch haben alle Depotanbieter eine Kundenhotline, einen Chat und einen E-Mail-Service, der Ihnen bei Notfällen mit Rat und Tat zur Seite steht. Da es bei Ihrem Depot in der Regel um viel Geld geht, sollten Sie nicht wegen 2 bis 3 Euro im Jahr am falschen Fleck sparen.

Wenn Sie sich ein wenig mit Ihrem Anbieter und dem Kauf und Verkauf von ETFs vertraut gemacht haben, so werden Sie in der Regel in den seltensten Fällen noch einen Ansprechpartner benötigen. Es ist jedoch gut zu wissen, dass es ihn gibt. Gerade, wenn Sie mal wieder eine Frage zur Abrechnung oder zur Steuer haben, ist es hilfreich, wenn Sie schnell zum Hörer greifen können. Hier unterscheidet sich der Billiganbieter, mit seinen langen Warteschleifen und Durchstellungen in ein Callcenter, von kompetenteren Ansprechpartnern, die in der Regel direkt in die passende Abteilung durchstellen und eine zum Anliegen passende Lösung parat haben.

Auch, wenn mal wieder das Internet streikt, dann ist es doch gut zu wissen, dass Sie bei vielen der deutschen Depotanbieter die Möglichkeit haben, eine Order auch telefonisch aufzugeben. Wollen Sie in dem Moment erst ins Ausland verbunden werden und sich mit jemandem verständigen müssen, der Ihre Sprache nur bedingt beherrscht?

10.6 Weiterreichung der Dividende

Wenn Sie beispielsweise einen Dividenden-ETF im Portfolio haben, der Titel aus dem Ausland enthält, so gibt es Anbieter, die für die Bearbeitung der ausländischen Dividendenzahlungen eine Gebühr erheben. Gerade, da die Dividenden beispielsweise aus den USA nicht jährlich, sondern vierteljährlich gezahlt werden, ist es kontraproduktiv, wenn Sie jedes Mal darauf noch eine Gebühr zu zahlen hätten.

10.7 Verfügbare Produkte

Unterschiedliche Depotbanken setzen verschiedene Schwerpunkte in ihrem Anlagespektrum. Die meisten nationalen und internationalen ETFs bekommen Sie mittlerweile bei allen Brokern gleichzeitig. Für Sie als ETF-Investor ist dieser Punkt also zunächst vernachlässigbar.

Wollen Sie später jedoch auch in weitere Finanzprodukte investieren, lohnt es sich, vorher einen Blick auf das Angebotsspektrum des Unternehmens zu werfen. Denn hier gibt es sowohl preislich, als auch im Umfang große Unterschiede zwischen den einzelnen Brokern.

10.8 Brokervergleich

Ob Sie nun auf außerordentlichen Service oder niedrige Gebühren Wert legen. Ob Sie eine breite Produktpalette bevorzugen, oder doch lieber eine übersichtliche und einfach strukturierte Benutzeroberfläche. Für jedes Anlegerverhalten und Bedürfnis gibt es den passenden Broker. Auf http://www.brokervergleich.de oder auf https://www.finanzen-broker.net können Sie sich von den unterschiedlichen Angeboten der verschiedenen Mitbewerber ein Bild machen und den für Sie passenden Online-Broker finden.

11. Geld anlegen in ETFs - genau so geht's

11.1 Schritt 1: Ziele bestimmen

Wenn Sie etwas erreichen wollen, so ist die Bestimmung Ihrer Ziele entscheidend. Stellen Sie sich vor, Sie wollen in zwei Jahren ein schönes Haus kaufen. Dann ist das eine Entscheidung, die Sie nicht einfach übers Knie brechen, sondern für die Sie lang und hart gearbeitet, viel zurückgelegt und das notwendige Eigenkapital angespart haben. Sie haben die rechtlichen und steuerlichen Bedingungen geprüft, wissen, worauf Sie sich einlassen und sind bereit, Entbehrungen in Kauf zu nehmen, und vielleicht sogar auf den einen oder anderen Urlaub zu verzichten. Das alles für Ihr großes Ziel, ein Eigenheim zu besitzen, unabhängig von Vermietern zu sein und Ihrem Traum von persönlicher Unabhängigkeit ein Stück näherzukommen.

Ihr angespartes Kapital nun für die nächsten zwei Jahre noch schnell in ETFs oder Aktien zu investieren, um so noch die Notarkosten zu verdienen, wäre sicher keine allzu kluge Idee. Bestimmen Sie Ihre Ziele an der Börse daher langfristig. Denn was machen Sie, wenn sich der Kurs Ihrer gekauften Produkte in den nächsten zwei Jahren halbiert? Ihr Traum vom Eigenheim wäre geplatzt.

Bevor Sie also überhaupt damit beginnen, Geld am Aktien- und Finanzmarkt zu investieren, und noch bevor Sie überhaupt darüber nachdenken, welches Risiko Sie bereit sind einzugehen, machen Sie sich erst eine Liste, was Sie erreichen wollen und *warum* Sie ETFs kaufen wollen.

Sind Sie sich dann im Klaren darüber, welche größeren Pläne und Anschaffungen Sie in den nächsten Jahren zu stemmen haben, ergeben sich zwangsläufig auch Ihre finanziellen Ziele. Erst dann, wenn Ihr nächster großer Urlaub, das neue Auto oder die Entscheidung für oder gegen eine Immobilie geplant ist, wird es relevant, Ihre Anlageziele mit einem festen Geldbetrag und einem fixen Termin zu definieren.

11.2 Schritt 2: Anlagebetrag definieren

Im zweiten Schritt definieren Sie nun Ihren persönlichen Anlagebetrag. Ihre aktuelle Vermögenssituation legt dabei grundlegend Ihren monatlichen Haushaltsplan fest. Die Differenz aus Ihren Einnahmen und Ausgaben bestimmt dabei, wie viel Geld Sie zum Anlegen überhaupt zur Verfügung haben. Wollen Sie nur einen Einmalbetrag investieren oder ist es Ihnen möglich, doch regelmäßig und monatlich zu sparen? Im Idealfall schreiben Sie sich detailliert auf, wie Ihre Ein- und Ausgabensituation konkret aussieht.

11.3 Schritt 3: Anlagezeitraum bestimmen

Haben Sie entschieden, welche Beträge nach Abzug Ihrer Lebenshaltungskosten noch zur Verfügung stehen, entwickeln Sie eine Strategie für Ihren Anlagezeitraum. Leider weiß niemand genau, wie sich die Börse morgen, nächste Woche oder nächstes Jahr entwickelt. Zwar ist davon auszugehen, dass sich in einer kapitalistisch geprägten Weltwirtschaft Unternehmen langfristig positiv entwickeln werden und ihre Gewinne maximieren wollen. Allein auf dieser Hoffnung sollte Ihre Anlagestrategie jedoch nicht beruhen.

Betrachten Sie die Historie am Aktienmarkt einmal etwas genauer, so dauerte es in der Vergangenheit im schlechtesten Fall ganze zehn Jahre, bis das ursprünglich eingesetzte Kapital nach einem Crash erst einmal wieder verdient gewesen war. Für Ihre Geldanlage bedeutet das sowohl bei ETFs als auch bei Aktien, grundsätzlich zwei Dinge:

1.) Niemals sollten Sie Geld investieren, auf das Sie morgen angewiesen sein könnten

2.) Ihr Anlagehorizont sollte einen Zeitraum von zehn Jahren oder länger übersteigen

Diese Regeln sind so profan, wie essenziell wichtig und können daher nicht oft genug benannt werden! Leider hält sich ein Großteil der Verlierer am Aktienmarkt aber eben nicht an genau diese zwei Regeln. Wie mit jeder Regel bestätigen auch hier Ausnahmen die Regel. Dennoch sollten Sie sich grundsätzlich darüber im Klaren sein, bevor Sie Ihr hart erarbeitetes Geld investieren, dass der Zehnjahreszeitraum für Sie eine sinnvolle Richtung vorgibt und schon einmal eine gute Orientierung darstellt, wo sich Ihr Geld die nächsten Jahre befinden wird.

11.4 Schritt 4: Anlagestrategie smart, simple and stupid

Als Privatanleger haben Sie nahezu keine Chance, den Markt zu schlagen. Verschwenden Sie Ihre wertvolle Zeit lieber erst gar nicht damit und finden Sie besser Möglichkeiten, wie Sie beispielsweise im Job mehr Geld verdienen können, oder wie Sie aus Ihrem Einkommen das Maximum herausholen, indem Sie viele Abenteuer und Erlebnisse machen.

Anleger versuchen, sich den Handel mit ETFs grundlos kompliziert zu machen. Diese Einstellung hatte ich vor Jahren auch und tat mich daraufhin schwer, zu beginnen. Anschließend habe ich jeden erdenklichen ETF gehandelt, in der Hoffnung, die letzten Prozente herauszuholen. Dabei habe ich viel Lehrgeld bezahlt. Heute weiß ich es besser und bin zu einer recht entspannten und stressfreien passiven Anlagestrategie zurückgekehrt: *Keep it smart, simple and stupid!*

Mein Aufwand hat sich deutlich verringert, die Rendite ist besser und ich bin nicht länger enttäuscht, dass finanzielle Souveränität so einfach sein kann. Wenn Sie als Anfänger ebenfalls denken, Sie müssten Vieles ein bisschen komplizierter machen und nur noch ein wenig mehr Zeit investieren - leider nein: Zwei bis vier gut ausgewählte ETFs reichen völlig aus und Ihre passive Anlagestrategie ist aufgestellt.

11.5 Schritt 5: Risiko definieren

Natürlich sind sowohl Aktien als auch alle anderen Finanzprodukte mehr oder weniger riskant. Viele unterschiedliche Faktoren spielen dabei mit in das Risiko hinein. Wenn Ihnen schon der Verlust von wenigen Hundert Euro verheerende Kopfschmerzen bereitet, so sollten Sie vielleicht noch einmal grundsätzlich überlegen, ob die Börse für Sie der richtige Ort ist.

Überlegen Sie dann weiter, welche finanziellen Voraussetzungen (Risikotragfähigkeit) und welches persönliche Sicherheitsbedürfnis (Risikotoleranz) Sie aufbringen können und wollen. Was werden Sie tun, wenn der Kurs um 50 Prozent einbricht? Werden Sie panisch und gehen als Erster von Bord? Behalten Sie die Ruhe? Kaufen Sie sogar noch nach, weil sich eine günstige Gelegenheit bietet? Wer sein Geld am Aktienmarkt investiert, sollte sich vorher im Klaren sein, wie er reagiert. Es steht außer Frage, dass der nächste Crash kommt. Die Frage ist nicht *ob,* sondern lediglich *wann.*

Was sind Sie maximal bereit zu verlieren? Nehmen Sie den absoluten Betrag, multiplizieren Sie ihn mit 2 und Sie erhalten den Wert, welchen Sie insgesamt mit Ihren ganzen Ersparnissen in riskante Assetklassen, wie ETFs anlegen sollten. Den Rest legen Sie besser in *sicherere* Anlagen an, wie etwa auf *Tagesgeldkonten, Festgeldkonten* oder *Staatsanleihen.*

Hätten Sie beispielsweise 10.000 Euro zur Verfügung, die Sie die nächsten Jahre für keine größeren Anschaffungen reserviert haben, könnten Sie diesen Betrag langfristig anlegen. Nur, weil Sie 10.000 Euro zur Verfügung haben und dieses Geld langfristig anlegen wollen, bedeutet das nicht, dass davon alles an der Börse in Aktien oder ETFs investiert werden sollte.

Aktienmärkte unterliegen mitunter Schwankungen und selten auch temporären Verlusten von 50 bis 60 Prozent. Natürlich lässt sich dadurch keine Aussage für die Zukunft treffen, ob es wieder einmal zu tief runtergeht. Wird der nächste Rücksetzer vielleicht nur 10 Prozent sein oder gar 60 oder 70 Prozent? Es ist daher wichtig, das realistische Risiko zumindest annähernd greifbar zu machen und zu kennen. Gehen Sie in Ihrer persönlichen Strategie besser immer davon aus, dass Ihre Positionen kurzfristig circa 50 Prozent ihres Wertes verlieren können.

Streuen Sie Ihren Betrag von 10.000 Euro nicht in unterschiedliche Finanzprodukte, sondern, investieren den kompletten Anteil in ETFs, bedeutet das, Sie wären bereit 5.000 bis 6.000 Euro zu verlieren. Sind Sie dazu wirklich bereit und können damit leben, wenn sich die Werte aufgrund eines Crashs halbieren und Sie es verpasst haben, rechtzeitig die Notbremse zu ziehen, weil Sie an Ihrer Strategie und Ihren Überzeugungen festhielten?

Wenn nicht, sollten Sie von Ihren ursprünglichen 10.000 Euro nur einen geringeren Anteil in ETFs stecken. So verringern Sie die Gefahr, sich selbst zu überschätzen oder in hektischen Marktphasen irrationale Entscheidungen zu treffen, die Ihnen viel Geld kosten.

Langfristig ist es daher besser, eine definierte Risikotoleranz festzulegen und mehr Geld zu sparen, was Sie dann nach dieser Aufteilung wieder in ETFs, Tagesgeldkonten und andere Finanzprodukte investieren. Junge Menschen sind dabei eher bereit ein höheres Risiko einzugehen. Studien belegen diese Ergebnisse damit, dass junge Anleger noch mehr Lebenszeit zur Verfügung haben, um mögliche Verluste wieder aufzuholen oder durch neu erarbeitetes Vermögen noch einmal von vorne zu beginnen. Ältere Anleger sind in der Regel deutlich risikoaverser, da sie eine Altersabsicherung anstreben und sich ihnen weniger Möglichkeiten auf dem Arbeitsmarkt bieten. Wie jung oder wie alt Sie auch immer sind oder sich fühlen, gehen Sie in sich und berechnen Sie genau in harten Euros und barer Münze, wie viel Sie tatsächlich bereit sind, zu verlieren.

11.6 Schritt 6: Den riskanten Teil in ETFs investieren

Nachdem Sie eben ausgerechnet haben, welchen Betrag Sie maximal verlieren wollen, ergibt sich daraus schon zwangsläufig, welchen Betrag Sie auch in ETFs investieren können. Denn da ETFs naturgemäß in volatilen Marktphasen stärkeren Schwankungen unterliegen, zählen sie zu den riskanten Anlageklassen.

Es geht also darum, den Risikoanteil in ETFs sinnvoll anzulegen und zu verteilen. Damit es noch einmal klar wird: Beim Risikoanteil handelt es sich um Geld, was Sie langfristig nicht zum Leben benötigen und welches Schwankungen ausgesetzt sein darf. Der Begriff Risikokapital begründet sich lediglich darauf, dass Sie sich bewusst werden, Sie *könnten* es verlieren. Es ist damit zwar Geld, welches *übrig* ist, Sie haben dennoch das Ziel einer langfristigen Depot-Gesamtwertsteigerung und wollen Ihr Geld beispielsweise genauso, wie Aktiensparer durch Dividendenausschüttungen und Kursgewinne *vermehren* und eine *Rendite erwirtschaften*.

Der beste Weg wäre natürlich, das Geld zu 100 Prozent auf ein Tagesgeldkonto zu legen. Hier ist die Rendite allerdings durchaus als *bescheiden* zu charakterisieren. Daher gilt auch hier wieder erneut einen *riskanteren* und einen *sicheren* Anteil zu bestimmen und den Sicheren im Tagesgeld, den Riskanten in ETFs zu investieren. Der Anteil im Tagesgeld stabilisiert so insgesamt Ihr Gesamtdepot und Sie können ruhiger schlafen.

Unter Bankern wird der riskante Teil der Anlage dann gern euphemistisch als *renditeorientiert* ausgedrückt. Ob Sie es nun als *renditeorientiert* oder risikoreich bezeichnen. Es handelt sich grundsätzlich um die *ETF-Quote, beschreibt* also den Anteil am Depot, welcher in ETFs investiert ist. Je mehr Geld Ihres Risikokapitals in ETFs investiert wird, desto stärker wirkt sich das natürlich auch wiederum auf Ihr mögliches Ausfallrisiko aus. Ein Depot mit 10 Prozent ETFs und 90 Prozent Tagesgeld schwankt naturgemäß weniger stark, als eines, welches den gesamten Betrag nur in ETFs investiert. Auch in der modernen Portfoliotheorie wird das Risiko im Depot über den Anteil der ETFs und Aktien gesteuert.

11.7 Kombination aus Aktien und ETFs als Anlagestrategien sinnvoll?

Nun könnten Sie auf die Idee kommen, aktive und passive Investments zu kombinieren, um eine noch bessere Rendite zu erzielen. Doch ist diese Strategie wirklich eine gute Idee? In der Regel nicht. Zwar hat jeder Anleger unterschiedliche Interessen und Gründe für seine Anlageentscheidungen und Meinungen. Daher gibt es keine allgemeingültige, richtige Antwort auf die Frage. Es hängt vielmehr von Ihren persönlichen Zielen und dem persönlichen Einsatz im Hinblick auf Zeit, Engagement und Wissen ab. Darauf baut schließlich die Frage auf, welche Anlagestrategie besser zu Ihnen passt.

Generell sind sich Experten einig, dass es wenig Sinn ergibt, ein weltweites ETF-Portfolio zu halten und gleichzeitig auch noch weltweit in einzelne Aktienwerte zu investieren. Das Ziel dieser Vorgehensweise ergibt wenig Sinn, wenn Beides die gleiche Strategie, bloß mit unterschiedlichem Risiko, abbildet. Entweder ist es Ihr Ziel, die Entwicklung des Marktes mit ETFs nachzubilden oder Sie vertrauen darauf, dass Sie in der Lage sind, mit Einzelaktien eine bessere Performance als die des Marktes zu realisieren. Das Investieren in beide Anlagevarianten wird daher von vielen Anlegern und Finanzexperten als Ausdruck von Unsicherheit gesehen, der zu nichts führt und keine klare Strategie erkennen lässt.

Wer der Meinung ist, besser als der Markt investieren zu können, der muss sich die Frage gefallen lassen, warum er dann nicht sein ganzes Kapital mit der *besseren Rendite* anlegt. Alle anderen, die nicht daran glauben, fahren mit der ETF-Strategie tatsächlich ruhiger, entspannter und besser.

Aktive Ansätze erzielen mitunter langfristig eine höhere Rendite als die Marktrendite und schalten den Faktor der laufenden Gebühren komplett aus. Wer sich jedoch in speziellen Sektoren und Märkten nicht auskennt, kann beispielsweise durch einen ETF in *Emerging Markets* noch zusätzlich in ganzen Sektoren einkaufen. Als Ergänzung eines Aktiendepots, um zum Beispiel einzelne Regionen besser oder überproportional abzudecken, kann das Verfolgen beider Strategien aber durchaus Sinn ergeben.

12. 7 Schritte, um ETFs zu kaufen

Wie das Einrichten eines ETF-Sparplans funktioniert, erfahren Sie in diesem Kapitel.

Die folgende Anleitung erklärt Ihnen nun detailliert, wie Sie nun Schritt für Schritt zum eigenen ETF-Sparplan kommen.

1. Schritt: Nachdem Sie sich also für einen Broker entschieden haben und Ihre Zugangsdaten erhielten, gilt es sich auf der Website im Depot einzuloggen. In Ihrer Finanzübersicht sehen Sie nun eine Auflistung mit all Ihren Konten und Depotbeständen. Wählen Sie aus den verschiedenen Möglichkeiten zur Geldanlage den Menüpunkt *Wertpapiersparplan* aus oder geben Sie den Begriff in die Suchmaske ein.

2. Schritt: Nun öffnet sich eine Übersicht, aus der Ihre bereits erstellten Wertpapiersparpläne hervorgehen. Haben Sie bisher noch keinen Sparplan eingerichtet, so sind die Felder noch nicht gefüllt und Sie beginnen über das Feld *Sparplan einrichten* mit der Erteilung Ihres ersten Auftrags.

3. Schritt: Im darauffolgenden Dialogfenster werden Sie zunächst gebeten, Ihre regelmäßige Anlagesumme festzulegen, welche Sie investieren wollen. Mit einem Klick auf *Weiter* geht es auch schon zur ETF-Auswahl.

4. Schritt: Im neuen Dialogfenster können Sie Ihren gewünschten ETF über zwei Arten finden: Wenn Ihnen die *Wertpapierkennnummer*

(*WKN/ISIN*) des bevorzugten ETFs bereits bekannt ist, geben Sie diese ganz einfach in das dafür vorgesehene Feld ein. Kennen Sie diese WKN noch nicht, oder wollen Sie sich in Ruhe durch das reichhaltige Angebot klicken, so lassen Sie dieses Feld frei und beginnen mit der manuellen ETF-Suche über die Auswahl.

Viele ETF-Anbieter präsentieren Ihnen nun bereits *Top-ETFs* oder ähnlich lautende Titel, welche meist die Aktions-ETFs zu besonders günstigen Konditionen des Anbieters enthalten. Schauen Sie hier genau, ob es mehrere Anbieter des gleichen ETFs gibt und ob einer der Anbieter ohne weitere Ordergebühren eine Investition im Sparplan zulässt.

5. Schritt: Bevor der ETF nun in Ihr Depot eingebucht wird, können Sie noch die Frage zur *Dynamisierung* beantworten. Eine *Dynamisierung* steigert Ihre persönliche Sparrate jährlich zusätzlich um einen prozentualen Betrag, etwa 5 Prozent. Wenn Sie nun noch bestätigen, dass Sie alle Informationen des ETFs kennen, per Mail oder im Posteingang erhalten wollen und auf eine Zusendung per Post verzichten, dann können Sie auch diesen Schritt abschließen.

6. Schritt: In der nun folgenden eigentlichen Ordermaske sehen Sie alle Daten des gewünschten ETF-Sparplans. Sie können Ihren Sparplan mit einem Namen benennen, etwa USA Dividenden oder DAX 30 ETF, um die bessere Übersicht bei mehreren Sparplänen zu behalten. Nun entscheiden Sie sich auch, wie oft Sie den Sparplan ausführen wollen, beispielsweise monatlich, vierteljährlich oder jährlich. Auch wählen Sie den genauen Kauftag aus, was von Bedeutung werden kann, wenn Sie auf Ihrem Verrechnungskonto erst noch Gehaltsein-

gänge abwarten müssten. Ebenso geben Sie hier an, von welchem Verrechnungskonto Ihr Sparplan abgebucht werden soll, falls Sie mehrere Konten zur Auswahl angegeben haben. Mit einem Klick auf *Weiter* wird das Eingabeformular abgeschlossen.

7. Schritt: Mit einer letztmaligen Überprüfung der eingegebenen Daten und unter korrekter Eingabe der TAN, zur Bestätigung, schließen Sie Ihren Auftrag durch einen Klick auf *Zahlungspflichtig freigeben* erfolgreich ab und Ihr Sparplan ist eröffnet. Zum vorher ausgewählten Termin wird dieser dann erstmalig ausgeführt.

13. Bonus-Tipp: Das ETF-Weltportfolio

13.1 Die Grundidee

Das *ETF-Weltportfolio* wurde von Gerd Kommer geprägt. Die Grundidee dahinter ist, Privatanlegern die Möglichkeit zu geben, ihr Geld sinnvoll und kontrolliert in die gesamte Weltwirtschaft zu investieren. Es beruht auf der Annahme, dass die weltweiten Aktienmärkte derart effizient arbeiten, dass es Anlegern nicht möglich ist, durch eine gezielte Auswahl von Einzelaktien eine Rendite über dem Durchschnitt zu erwirtschaften.

Studien belegten, dass selbst Fondsmanager nach Abzug der Kosten nur selten über dem Durchschnitt der weltweiten Vergleichsmärkte lagen. Aus diesem Grund ist es sinnvoll, in einer kostengünstigen Lösung in die ganze Welt zu investieren, mit dem Ziel, die weltweiten Aktienmärkte so genau wie möglich abzubilden. Dabei sind Sie sowohl global, als auch über verschiedene Branchen und Unternehmen maximal gestreut, haben kostengünstige Konditionen und profitieren langfristig von der Durchschnittsrendite der Weltmärkte. Investiert wird damit in ein weltweites Portfolio aus über 1.600 Aktien nach der Strategie eines reinen Buy-and-Hold-Ansatzes.

13.2 Der Aufbau

Der Aufbau des ETF-Weltportfolios ist einfach gehalten. Grundsätzlich gibt es einen *sicheren* und einen *riskanten* Anteil. Der Riskante ist für die Performance notwendig, der Sichere stabilisiert die

Gesamtschwankungen etwas. Das hier dargestellte Weltportfolio eignet sich besonders für kleine bis mittlere Vermögen. Im Kern investieren Sie 70 Prozent Ihres vorher in Schritt 1 durch die Risikotragfähigkeit und Risikotoleranz festgelegten Risikokapitals in *Aktien weltweit* (zum Beispiel MSCI World). Die restlichen 30 Prozent investieren Sie in *Schwellenländer-Aktien* (zum Beispiel MSCI Emerging Markets).

Eine Alternative wäre, nur 55 Prozent in weltweite Aktien (zum Beispiel MSCI World) und 25 Prozent in Schwellenländer-Aktien (zum Beispiel MSCI Emerging Markets), zu investieren. Damit bleiben Ihnen jeweils 10 Prozent, welche Sie in Immobilien-ETFs (z.B. REITs) und 10 Prozent, welche Sie in Rohstoff-ETFs investieren. Ob der positive Effekt der Rohstoffe und Immobilien tatsächlich besteht, wird je nach Studie allerdings angezweifelt.

14. To-Do Checkliste

1. *Festlegen, wie viel Geld Sie anlegen wollen*

(monatliche Sparrate)

2. *Risikokapital berechnen - der Rest dient der Absicherung und geht auf ein Notfallkonto* (Tagesgeldkonto - schnell verfügbar, geringes Risiko - im Bestfall ein Betrag von drei bis sechs Nettomonatsgehältern für unvorhergesehene Ereignisse, wie kaputte Waschmaschine oder die Autoreparatur).

3. *Risikokapital investieren*

(Am besten durch monatliche Sparraten, um monatliche Schwankungen zu kompensieren. Verteilung nach Weltportfolio in 70 Prozent risikoärmere Weltaktien und 30 Prozent risikobehaftetere Schwellenländer-Aktien oder einer Alternative davon).

4. *Rebalancing*

(Durch Schwankungen der ETFs entstandene Abweichung durch unterschiedlich gewichtete Zukäufe wieder der original Zielverteilung zuführen (im Beispiel: 70 % sicher, 30 % riskant)).

15. Schlusswort

Warum schaffen es andere Menschen, es spielerisch aussehen zu lassen, an der Börse Geld zu verdienen und konstant Gewinne zu erwirtschaften? Warum sind andere reich und Sie selber schaffen es einfach nicht? Erstmals wissenschaftlich erforscht kamen die Professoren zu dem Ergebnis, dass vermögende Menschen wie folgt denken und handeln: Sie zeichnen sich durch einen eisernen Willen und durch harten Arbeitseinsatz aus und verbringen viele Stunden ihres Tages mit nichts anderem. Doch müssen Sie das auch?

Glücklicherweise ist die Beschäftigung mit ETFs gar nicht so kompliziert, wie Sie bisher immer dachten. Für das Aufsetzen der Strategie benötigen Sie nicht mehr als ein bis drei Stunden. Es gibt also keine Ausreden mehr. Auch der laufende Aufwand hält sich dank eines ein- bis zweimal jährlich zu vollziehenden Rebalancings, im überschaubaren Rahmen. Wenn Sie dazu ein- bis zweimal im Monat in Ihr Depot reinschauen, ob Sie vom Anbieter neue Nachrichten hinterlassen bekommen haben, oder ob alles reibungslos und nach Plan funktioniert, so ist die Sache mit einem Arbeitsaufwand von weniger als einer halben Stunde erledigt.

Ist der Sparplan einmal aufgesetzt, so läuft Ihre Strategie automatisch durch alle Widrigkeiten und Marktphasen. Studien haben immer wieder bewiesen, dass dies besser ist und Ihnen langfristig Profite beschert. Und das ist doch wesentlich erstrebenswerter, als überhaupt nicht im Markt investiert zu sein, und Ihr Geld auf dem Girokonto versauern zu lassen oder zu hören, wie es andere schaffen, weil es eigentlich doch nicht weiter kompliziert ist.

Das Beste was Sie also nun tun können ist: *anzufangen.* Beherzigen Sie die Tipps und Ratschläge in diesem Buch und kommen Sie ins Handeln. Das ist besser als nichts zu tun, abzuwarten und den perfekten Zeitpunkt abzupassen. Den gibt es nämlich nicht. Und zu lernen durch eigene Erfahrung, ist immer noch der effektivste und nachhaltigste Weg. Dies gilt auch am Aktienmarkt. Also: *Learning by Doing!*

Wenn Sie sich in Ihrem persönlichem Umfeld umschauen, scheitern schon Viele daran, überhaupt zu beginnen. Nutzen Sie daher dieses Buch als Ihre eigene Starthilfe und beginnen Sie, sich auf dem Gebiet der Aktien, ETFs und Sparanlagen noch besser vertraut zu machen. Mit ein wenig Disziplin und Fleiß werden Ihnen noch viele weitere Türen aufgehen. Dank des Wissens aus diesem Buch ist hoffentlich Ihr Interesse geweckt, sich weiter damit zu beschäftigen. Doch auch, wenn nicht, dann haben Sie mit ETF-Sparplänen eine lukrative Möglichkeit kennengelernt, Ihr Vermögen zu vermehren und damit vielleicht die spätere Rentenlücke zu schließen. Sie benötigen dafür keinen Eliteabschluss, um Ihr Geld zu vermehren und es zu etwas mehr Reichtum zu bringen.

Die fundamentalen Grundlagen haben Sie nun erfahren, und wenn Sie sich an diese halten, so sind Sie schon in einer komfortablen Ausgangsposition und haben vielen Mitmenschen in Deutschland, was die Vermögensanlage betrifft, Einiges voraus. Dank der Automatisierung wird Sie Ihr Durchhaltevermögen und die Zielstrebigkeit Ihrer Strategie belohnen. So müssen Sie weder zur richtigen Zeit investieren, noch sich umfassend mit immer neuen Finanzprodukten beschäftigen.

Grundsätzlich kann es jedoch nicht schaden, sich gerade in Geldangelegenheiten immer auf dem neuesten Stand zu halten. Geht es um Finanzfragen, so geht es in erster Linie um Ihr Geld. Natürlich könnten Sie auf den Rat von Banken und Finanzdienstleistern hören, bedenken Sie nur immer, dass diese sogenannten *Berater* im Wirklichkeit *Verkäufer* sind und diese keine altruistischen Motive im Geschäftsleben haben, sondern Ihnen deren Finanzprodukte verkaufen wollen. Erwarten Sie daher von keinem Ihrer Bankmitarbeiter eine kostenlose Beratung und gleichzeitig eine unabhängige Meinung. Das kann nicht funktionieren, da sich daraus immer ein Interessenkonflikt ergibt.

Anstatt eine Situation mit dem Kunden gemeinsam zu analysieren und dann die für Sie, als Anleger individuell beste Schlussfolgerung zu ziehen, verhält es sich in der Regel so, wie beim Autokauf. Sie bekommen das Angebot gezeigt und suchen sich Eines aus. Für Sie, als Kunden, ist das oft wenig nachvollziehbar und die Risikoanalyse ist leider auch oft nicht umfassend und gründlich genug.

Natürlich sind auch ETFs nach wie vor nicht die Heilsbringer der Nation oder die Lösung für alle Finanzfragen, was in den Vor- und Nachteilen ausführlich besprochen wurde. Dank ihnen gibt es nun jedoch eine kostengünstige Alternative für Privatanleger, für jede Situation die passende Strategie zu finden, welche genau auf Ihre Bedürfnisse und Ihr Risikoempfinden zugeschnitten ist. Dazu brauchen Sie heute nicht länger mehr die veraltete Vorgehensweise von Banken und Versicherungen. Sie können nun autark und selbstbestimmt agieren, anstatt sich auf Empfehlungen von jemand anderem zu verlassen.

Es ist keine schlechte Idee, das Thema Geldanlage selbst aus verschiedenen Blickwinkeln zu betrachten und sich nicht länger auf nichtssagende Pauschalisierungen der Bankberater zum Thema Börse und Aktien zu verlassen. Ihr eigenes Wissen spielt dafür eine zentrale Rolle. Nur, wer versteht, was er kauft, kann vernunftbasierte Entscheidungen treffen und sich darüber hinaus eine wirklich belastbare Meinung bilden.

Solange Kunden jedoch lieber versteckte hohe Gebühren für ein subventioniertes Provisionsprodukt zahlen, anstatt sich mit diesem wichtigen Thema ihrer eigenen Finanzen selbst zu beschäftigen und hohe Gebühren zu vermeiden, wird sich auch nicht viel ändern. Sie gehören also zur elitären Klasse, die ihre Finanzen selbst in die Hand nimmt und ihr Geld langfristig an der Börse investiert. Dank ETFs sind Sie damit auf dem richtigen Weg und verschwenden auf lange Sicht kein unnötiges Potenzial. Dabei wünsche ich Ihnen viel Erfolg!

www.ingramcontent.com/pod-product-compliance
Lightning Source LLC
Chambersburg PA
CBHW070316230526
45470CB00002B/905